백년의 부모 수업

한 그루의 나무가 모여 푸른 숲을 이루듯이
청림의 책들은 삶을 풍요롭게 합니다.

백년의 부모 수업

교육학자 할아버지가
평생의 삶으로 증명한 교육의 원칙

이해명 지음

청림Life

들어가며

한 세기의 세월로도 모자랐던
가르침의 여정

얼마 전부터 손주를 돌보는 일이 많아졌습니다. 한없이 사랑스러운 손주가 무럭무럭 커가는 모습을 바라보며, 제가 아이들을 키울 때를 되돌아보았습니다. 그간 잘한 일도 있었지만 잘못한 일도 많았기에, 젊은 부모 세대에게 조금이나마 도움이 되기를 바라면서 글을 적어내려갔고, 그 결과 이 책이 나올수 있었습니다. 교육학자 할아버지로서 다음 세대에게 남기고 싶은 '교육의 유산'이라고나 할까요.

아이가 자라는 데 가장 중요한 시기는 태어나서 세 살까지라고 합니다. 이른바 '애착기'지요. 이 시기에는 엄마와 아기가 꼭 붙어 있어야 합니다. 아기는 비록 말을 못 하지만 부모의 사랑을 느끼면 웃거나 까르륵 소리를 내어 소통을 이어갑니다. 이 시기에 사랑받지 못한 아이는 커서도 정상적인 사회 생활을 하기 힘들어합니다. 반면 사랑을 듬뿍 받은 아이는 학업 성적도 좋고 인간관계도 잘 유지하지요.

초등학교 시기는 교육 효과가 가장 큽니다. 일생에서 기억력이 가장 좋은 시기라고 하지요. 저는 작은아이가 초등학생일 때 영어와 한문을 가르쳤습니다. 요즘은 영어유치원도 많이들 다닌다고 하지만, 영어는 초등학생 때부터 시작해도 늦지 않습니다. 또한 한문을 가르친 것도 읽고 쓰는 능력을 키우는 데 큰 도움이 되었습니다. 단순한 글자로서의 '한자漢字'가 아닌 문장으로서의 '한문漢文'을 가르친 것이 효과적이었지요. 외국어를 가르칠 때는 주로 문장을 통째로 외우고 쓰게 했습니다. 그리고 독서를 많이 시킨 것이 가장 큰 도움이 되었습니다. 독서는 단순히 답안을 암기해서 쓰게 하는 학교의 시험보다 대학수학능력시험에서 효과가 있습니다. 대학수학능력시험은 논리적인 사고력을 묻는 시험이기 때문이지요. 독서를 하면 읽고, 이해하고, 생각하는 능력을 기르게 됩니다. 대학수학능력시험은 바로 그러한 인지 능력을 평가하는 시험이지요.

아이가 학교에 입학하면 부모의 임무가 끝나는 것이라고 생각해서는 안 됩니다. 무엇보다 가정이 교육의 주체가 되어야 합니다. 학업 성적의 절반은 아동의 지적 능력이 좌우하고 나머지 절반은 환경이 좌우합니다. 그중에서도 '가정 환경'이 절대적으로 중요하지요. 특히 초등학교 시절의 가정 환경이 중요한데, 교육

심리학자 벤저민 블룸Benjamin Bloom은 "초등학생 시기에 학업 성적과 지능의 70퍼센트가 결정된다"고 하였습니다.

중학교에 입학하면 아이들은 엇나가기 시작합니다. 친구들과의 교류가 활발하게 이루어지면서 이른바 '자아 성숙'이 일어나는 시기이지요. 감정이 예민해지는 이때 또래 관계를 잘못 맺으면 성정이 나쁜 아이들과 어울리거나, 과도하게 위축되어 아무도 자기를 알아주지 않는다고 생각하게 됩니다. 이때도 부모의 적절한 관심과 돌봄이 필요합니다. 아이가 학급에서 생활하는 데 어려움을 겪는다면, 학교나 지역 단체에서 주최하는 다양한 동아리 활동에 참여시키는 것도 좋은 방법입니다.

고등학생 때는 입시 전쟁으로 쉴 틈이 없지요. 문제는 '어느 고등학교로 진학하느냐'입니다. 우리 큰아이는 학습환경이 좋지 않은 학교에 진학하여 중학교 때보다 성적이 떨어졌습니다. 아이의 능력을 정확히 측정하여 그에 알맞은 학교를 찾아가는 것이 좋습니다. 지방이라고 해도 우수한 고등학교는 서울의 명문 고등학교에 뒤지지 않습니다. 제가 조사한 바에 따르면, 위장 전입이나 고액 과외는 교육의 효과가 거의 없습니다. 무엇보다 중요한 것은 학교의 학습 분위기입니다. 학교의 학습 분위기가 좋아야 아이가 자신의 능력을 마음껏 펼칠 수 있지요. 이를 위해서는 우선 학교장을 중심으로 학교 선생님들의 열성이 있어야 합니다. 그리고 학생들의 배우려는 열의가 뒷받침되어야 하지요.

《조선왕조실록》에 따르면, 정조는 교사를 우대하기 위하여 봉급과 지위를 높였습니다. 그러나 결과는 썩 좋지 않았습니다. 정조는 이렇게 결론을 내렸습니다. "교육이 잘되려면 교사가 잘되어야 하고, 교사가 잘되려면 사회 지도층이 교사를 우대하는 모범을 보여야 한다." 조선시대에도 위대한 지도자들은 교육이 나라의 기초라고 생각했고, 교육이 잘되어야 나라가 부강해진다고 믿고 교육에 힘을 쏟았습니다.

좁은 국토에서 오랫동안 외세의 압박과 침략을 받아왔음에도 우리가 지금과 같은 성장을 일궈낸 것은 다름 아닌 교육의 힘이었습니다. 그러나 지금 우리는 학교 선생님을 제대로 대우하지 못하고 있습니다. 점수 경쟁에 내몰리는 아이들은 학교 수업은 제쳐두고 학원 수업을 따라가기에 바쁘지요. 학교 수업의 질을 높여 학생들을 올바른 길로 지도할 수 있도록 교사에게 힘을 실어주어도 모자라는데, 지금은 많은 교사의 사기가 극도로 떨어져 있는 상태입니다.

선생님을 교육의 주체로 세우지 못하는 것은 나라의 근간을 뒤흔들 뿐 아니라 내 아이의 인성을 해치는 지름길이 될 수 있습니다. 지금 선생님을 '인생의 스승'으로 존경하고 따르는 학부모나 학생은 그다지 많지 않습니다. 좋은 점수를 얻기 위한 수단으로 여길 뿐이지요. 그러나 교육의 근간은 아이들이 세상을 살아가는 길을 가르치는 것입니다. 기술과 지식이 전부가 아니지요. 세상을 살아가기 위해서는 인성과 도덕, 사회적으로 관계 맺는 법을 배워야 합니다. 그것은 교사뿐만 아니라 아이를 둘러싼 모든 어른이 함께해야 할 일이지요.

부모나 형제를 돌보지 않고 돈 버는 데만 혈안이 된 사람을 우리가 용납할 수 있을까요. 교육의 기본 목적은 부의 축적이나 기술의 숙련이 아닙니다. 나이를 먹으며 더 절실히 느끼는 것은, '교육이란 무엇인가'에 대한 답은 아주 오래전 제시되었던 '인간의 완성'이라는 목적, 즉 지智, 덕德, 체體에 있다는 것입니다. 저는 손주가 그 옛날 맹자의 말씀처럼, "뜻을 굽히지 않고 소신을 지키는 대장부"가 될 수 있기를 바랍니다.

제가 젊은 부모 세대에게 강조하고 싶은 것은, 첫째로 교육이 유산으로서의 가치가 가장 높다는 것입니다. "권력은 십 년을 가지 못하고, 재산은 삼 대를 이어가지 못한다"는 옛말이 있습니다. 교육은 어떠한 물질적 힘보다 강하고 정신적 유산으로 오랫동안 대물림되며 후대까지 전해집니다. 아무리 유명한 부자라 해도 그들의 재산은 영원하지 않지만, 교육자이기도 했던 동서양의 위대한 철학자들은 수천 년의 세월을 뛰어넘어 지금까지도 우리에게 새로운 가르침을 주고 있습니다.

두 번째로 교육의 과업은 결코 부모 혼자 감당할 수 있는 것이 아니라는 사실입니다. "한 아이를 키우는 데 온 마을이 필요하다"는 속담처럼, 우리는 모두 주변 사람의 도움을 받으며 성장합니다. 부모뿐만 아니라 할아버지, 할머니, 선생님, 친척, 동네 어르신, 그 지역의 환경에 이르기까지 모두가 한 사람을 길러내기 위한 토양이 됩니다. 그러므로 부모는 결코 '혼자' 아이를 키우는 것이 아님을 인지하고, 더 넓은 세상으로 뻗어 나가기 위해 사회적인 교류를 활발히 이어갈 필요가 있습니다.

저는 부모의 사랑만이 이 어려운 길을 헤쳐 나갈 수 있는 최선의 힘이라고 생각합니다. 아이를 사랑한다는 것은 부모가 누릴 수 있는 최고의 기쁨임을 저도 정년이 되어서야 느낍니다. 살아온 인생을 되돌아보면 제게 남은 것은 논문이나 책, 이력이 아닌 내가 낳고 길러온 아이들이었습니다. 고되고 힘들겠지만, 아이를 키우는 것이 얼마나 신비롭고 경이로운 일인지 경험해보시길 바랍니다. 그것은 이 세상의 무엇과도 바꿀 수 없는 귀한 유산이자, 신의 선물입니다.

2025년 8월

이해명

차 례

들어가며
한 세기의 세월로도 모자랐던 가르침의 여정 • 4

1장 교육은 어떻게 유산이 되는가: 한 아이를 길러내는 위대한 투자

교육이 현명한 투자가 되려면 • 15 / 교육은 부모의 정성과 환경이 만든다 • 17 / 사교육의 유행을 타지 않는 공부의 정도 • 21 / 공부는 선생님과 아이가 함께하는 것이다 • 23 / 시대가 변화할수록 더욱 요구되는 공부의 본질 • 25 / 학교 성적이 전부가 아니다 • 28 / 교육의 주체는 가정이다 • 30 / 애착기에 요구되는 부모의 태도 • 32 / 부모는 어떻게 아이를 훈육해야 하는가 • 35 / 부모의 투자가 유산으로 이어지기까지 • 38

2장 아이는 어떻게 크는가: 뇌의 성장과 지능의 발달

건강한 아이를 만나기 위한 태교 방법 • 43 / 아이의 뇌는 어떻게 성장하는가 • 45 / 뇌 기능의 분화 과정 • 48 / 운동이 지적 발달에 미치는 영향 • 50 / 유전자가 결정할 수 있는 것 • 53 / 유전자와 환경이 지능과 성격에 미치는 영향 • 57 / 어릴 때 적성을 잘 살펴야 한다 • 61 / 아이에게 좋은 품성과 기량을 길러주자 • 64
– 지능 지수가 지능을 결정하지 않는다 • 68

3장 영유아기: 언어 발달의 시작

아이의 뇌 발달을 위해 부모가 해야 할 일 · 83 / 인지 발달의 기초가 되는 감각 운동 능력 · 86 / 아이는 어떻게 말을 하게 되는가 · 92 / 듣기는 언어 발달의 시작 단계다 · 96 / 말하기 능력에서 읽고 쓰는 능력으로 · 99
 - 외국어 교육은 언제 시작해야 좋은가 · 102

4장 초등학교: 생각하는 힘을 기르는 시기

알고 싶은 것이 폭발하는 초등학교 시기 · 109 / 초등학생 때 가장 많은 단어를 배운다 · 113 / 독서, 토론, 논술로 돌아가자 · 116 / 영어와 한문 공부로 실력을 쌓는 법 · 121 / 교육의 기본은 초등학생 때 시작된다 · 126
 - 텔레비전 시청의 득과 실 · 130
 - 많이 싸우더라도 혼자보다는 형제가 좋다 · 135

5장 중학교: 자아 정체성과 사회성의 분기점에서

중학교는 초등학교와 어떻게 다른가 · 141 / 아이의 자아존중감을 높이는 방법 · 145 / 어떻게 친구와 사귀고 놀 것인가 · 149 / '인정받아야 한다'는 또래 관계의 난점 · 152 / 긍정적인 또래 관계를 이끌어내는 법 · 155 / 영국에서 1년 동안 겪은 일 · 160
 - 무분별한 인터넷 사용의 위험성 · 164

6장 고등학교: 삶의 방향을 선택하려면

어떤 고등학교에 보낼 것인가 • 171 / 고등학생 때 공부 안 하면 평생 후회한다 • 176 / 대학 선택 이전에 정체성을 고민하라 • 179 / 전공 선택은 아무도 가르쳐주지 않는다 • 182 / 대학수학능력시험 준비는 어떻게 해야 하나 • 185 / 아버지와의 토론으로 시험 점수를 높이다 • 189 / 부모와의 관계가 성에 대한 태도를 만든다 • 191 / 가정에서 도덕성을 기르는 방법 • 196
 − 국제화 교육은 왜 필요한가 • 200

7장 내가 물려받은 교육 유산

세 살 적 버릇이 여든까지 간다 • 213 / 내 배가 부르고 어떻게 남을 도와주느냐 • 215 / 아버지가 없어서 배우지 못한 것 219 / 나를 키운 조상의 음덕 • 224 / 선생님의 은혜는 하늘과 같았다 • 227 / 우리 민족의 문화유산 • 233
 − 인문과 예술 교육은 인간다운 삶을 깨우친다 • 237

나오며 • 241

1장

교육은 어떻게 유산이 되는가 : 한 아이를 길러내는 위대한 투자

우리 민족의 역사를 보면, 교육에 얼마나 큰 가치를 부여했는지 알 수 있다. "소를 팔아서라도 교육은 시켜야 한다"는 것이 우리 할아버지, 할머니 세대의 생각이었다. 농촌 사회에서 소는 단순한 가축 이상의 존재로, 생계를 위한 필수적인 수단이자 가족 모두의 재산이었다. 이런 사회상을 반영하여, 1960~1970년대 서울의 대학 건물은 '우골탑'이라 불리기도 했다. 소를 판 눈물겨운 돈으로 지어진 건축물이라는 뜻이다.

최근에도 자녀들을 위해 퇴직금을 모두 쓴 부모의 사례가 뉴스에 종종 등장한다. 그만큼 교육은 자식을 위한 '희생'이라는 생각이 대부분이었다. 하지만 이제는 교육을 '희생'이 아닌 '투자'라고 생각해야 한다. 어떻게 해야 효과적인 투자를 할 수 있는지를 생각해야 한다. 이번 장에서는 소를 팔지 않고도, 퇴직금을 모두 쓰지 않고도 아이를 교육시킬 수 있는 효과적인 투자가 무엇인지 생각해보자.

교육이 현명한
투자가 되려면

 우리는 교육에 어떻게 투자해야 할까? 남들처럼 비싼 학원비를 감수하며 좋은 학원에 보내는 것이 효과적일까? 좋은 학군에 들어가기 위해 서울의 강남으로 이사하는 것이 현명한 투자일까?
 그러나 당장 아이의 성적을 높이기 위한 단기적인 처방을 교육이라 할 수는 없다. 교육은 무엇보다 '미래를 위한 장기적인 투자'다. 한 치 앞을 내다볼 수 없을 정도로 빠르게 변화하는 사회에서, 변화의 속도와 방향을 읽고 그 물결을 제대로 타지 못하면 낙오자가 되기 십상이다. 변화하는 상황에 알맞게 대처하는 능력으로서 '지능'을 갖추는 것이 중요한데, 그 지능을 길러주는 것이 바로 교육이다.

  사람은 태어나자마자 상황에 적응하려 노력한다. 기고 걷고 뛰는 신체 능력과 듣고 말하는 언어 능력을 키우고 지식을 탐구하는 과정을 거치면서 '인간'으로 성장한다. 교육은 이 모든 상황에서 최대한 지혜롭게 대응하는 능력을 키우는 과정이다. 지, 덕, 체가 골고루 발달해야 세상을 살아갈 수 있다는 말이다. 아이를 비싼 학원에 보내 시험 점수를 올리는 일에만 전념하는 것은 지혜로운 투자가 아니다.

  우리 아이가 초등학교에 다닐 때는 '만점' 경쟁이 성행했다. 그러나 나는 아이의 성적에 크게 연연하지 않았다. 대신 폭넓은 독서를 하도록 지도하였다. 아이의 독서량이 늘면서 점점 글을 읽는 속도도 빨라지고 이해하는 능력도 향상됐다. 처음에는 그 효과가 단번에 드러나지 않았다. 초등학교 때는 아이의 성적이 우수하지 않았지만 중고등학교 때부터 투자 효과가 나타나기 시작했다. 대학수학능력시험 모의고사 점수는 늘 전국 최상위 수준이었다. 대학교나 대학원에 진학해서도 독해력은 실력을 키우는 가장 중요한 무기였다. 미국 예일대학교에 가서도 교수들의 칭찬을 받았다. 오랫동안 가정에서 아이와 함께 책을 읽고 토론한 덕분이었다.

교육은 부모의 정성과
환경이 만든다

 아이의 교육을 위해 세 곳에 걸쳐 이사하였다는 맹자 어머니의 고사는 유명하다. 처음에 모자는 묘지 근처에 살았는데 맹자가 늘 상여를 옮기며 곡하는 놀이를 하였다. 두 번째는 시장 근처에 살았는데 맹자가 물건을 사고파는 장사꾼 흉내를 냈다. 어머니가 정한 세 번째 장소는 학교 근처였고 그곳에 이르러서야 맹자는 예법을 따르며 글을 외는 공부에 관심을 가졌다. 아이의 교육환경이 얼마나 중요한가를 보여주는 고사이지만, 요즘에는 '강남 8학군'의 정당성을 주장하려는 의도로 이 고사가 쓰이기도 해 씁쓸하다.

 '맹모삼천지교孟母三遷之敎'와 비슷한 주제이지만, 조금은 다른 결의 이야기도 있다. 강원도 춘천시 서면에는 '박사마을'이 있다. 그 작은 마을에서 184명이나 박사가 나왔다고 한다. 박사마을을 기리는 선양탑에는 이러한 문구가 적혀 있다.

자식들만은 보다 살기 좋은 곳, 더 큰 꿈을 펼칠 수 있는 넓은 세상으로 내보내야 했고, 힘겨워도 더 많이 가르치고 또 배워야 했기에 어느 곳보다도 교육열이 높았던 마을이다. 풍수지리학적인 명당이어서 인

물이 많이 배출되고 있다는 설이 있지만, 실제로는 피나는 노력과 그를 뒷바라지한 부모들의 희생적 교육열에서 얻어진 값진 열매이다.

한 가정에서 박사가 나오자 주변 이웃들이 자극을 받아 너도나도 공부를 열심히 하게 되었고, 그와 같은 치열한 교육열이 존경받는 교육자와 공직자를 100명 이상 낳았다. 이 이야기는 사람이 환경의 영향, 특히 '주변 사람'의 영향을 지대하게 받는다는 것을 시사한다. 작은 농촌 마을에서 박사가 그렇게 많이 배출되었다는 사실은 공부가 대단한 학군이나 잘나가는 학교에서만 이루어지는 것은 아님을 말해준다. 교육은 무엇보다 '좋은 이웃'의 영향이 크다는 것을 '박사마을'이 증명해준다.

교육이 위대한 유산으로 이어지는 이야기는 더 있다. 나는 고려시대 김부식 가문의 선행을 읽고 감동한 적이 있다. 김부식이 북방의 반란군을 물리치고 돌아오자 국왕이 김부식의 어머니에게도 토지를 하사하였다. 김부식의 어머니는 그 상을 국가에 돌려주면서 "나는 이미 조상의 덕으로 곤궁하지 않게 사는데, 왜 나에게 이 상을 주느냐. 가난한 사람들에게 주라"고 하였다. 이 말에 조정과 백성들은 모두 감탄하였다고 한다. 김부식 가문의 가풍이 어떠했는지 짐작할 수 있다.

경주의 '최부자' 이야기도 감동적이다. 이 가문은 12대에 걸쳐

무려 300여 년간 번성하였다고 한다. 조상이 대대로 물려준 가훈을 보면 그 이유를 알 수 있다. 최부자 가문에는 다음과 같은 가훈이 있다.

첫째, 과거는 보되 진사 이상의 벼슬을 하지 말며 탐심을 부리지 말라.
둘째, 1년에 1만 석 이상의 재산을 모으지 말라.
셋째, 흉년에 남의 논밭을 사지 말고, 어려운 사람들의 사정을 살피라.
넷째, 집에 온 손님은 누구에게나 융숭하게 대접하라.
다섯째, 사방 100리 안에 굶어 죽는 사람이 없도록 곡식을 나누어 주라.

후손이 선조들의 가훈이자 교육 유산을 잘 지킨 덕분에, "부자는 3대를 넘기지 못한다"는 말이 무색할 정도로 최부자 가문은 오랜 시간에 걸쳐 지역 사회에서 인정받고 거듭 융성하였다.

퇴계의 고향인 안동에는 선비들이 학문을 연마하던 많은 서원이 있다. 퇴계가 후학을 가르친 도산서원이 대표적이다. 많은 이들이 알고 있듯 조선시대 명신 중에는 이 지역 출신이 많다. 퇴계의 치열한 학문 탐구와 가르침이 안동 지역을 조선의 대표적인 교육 명소로 만들었다. 지금도 안동에 가면 후손들이 선현들의 유적을 잘 보관한 것을 볼 수 있다. 후손들에게 큰 교훈이 되고 있다.

한석봉의 어머니도 아들에게 교육을 유산으로 물려준 사례라 할 수 있다. 한석봉의 어머니는 아들이 공부에 전념하도록 절에 보냈다. 아들이 집에서 하는 공부가 시원치 않다고 보았기 때문이다. 한석봉은 절에서 조금 공부하다 집이 그리워 다시 돌아왔다. 어머니는 석봉에게 너의 공부가 얼마나 이루어졌는지 보자고 하였다. 불을 끄고 석봉에게 "너는 글을 쓰고 나는 떡을 썰어보자"고 하였다. 누가 더 정확한지 비교하기 위해서였다. 결과는 석봉의 패배였다. 어머니는 어둠 속에서도 정확하게 떡을 써셨는데, 석봉의 글자는 형편없었다. 석봉은 다시 절에 들어가 완전히 학문을 마친 후 돌아왔다. 어머니의 엄한 교육이 당대의 서예가 한석봉을 만든 것이다.

이같은 이야기를 찾아보자면 끝도 없을 것이다. 부모의 정성과 교육환경이 대대로 위대한 인물을 만든다. 부와 권세는 교육의 토대가 아니다. 부와 권세는 훌륭한 인재를 만들지 못한다. 이를 잘못 활용하면 오히려 자식을 망친다. 반대로 튼튼한 교육의 토대 위에서 재산을 활용한다면 좋은 열매를 맺을 것이다. 치열한 가정교육과 학문 탐구 위에서 부와 권세를 유지하는 가문의 경우가 그렇다.

사교육의 유행을 타지 않는
공부의 정도

　지금도 많은 학부모가 맹자의 어머니처럼 자녀에게 좋은 교육환경을 만들어주기 위해 노력한다. 초등학교 때부터 좋은 학군이나 좋은 학원을 찾아서 강남으로 이사하기도 한다. 그러나 나의 경험으로 교육환경이란 학군이나 학원의 문제가 아니다. 무엇보다 중요한 것은 가정의 교육환경이다. 많은 학자가 말하는 바와 같이, 아이들의 학습 능력이나 지능의 대부분은 초등학생 때 결정되기 때문이다.

　따라서 초등학생 때는 부모가 좋은 교육환경을 조성해야 한다. 부모는 종일 텔레비전 앞에 앉아 있으면서 아이에게 공부하라고 다그치면 안 된다. 중고등학생 때도 학군이나 과외는 아이에게 큰 영향을 미치지 않는다. 아이의 부족한 부분을 보충하는 효과 정도만 있다. 수학이 부족하면 수학을, 영어가 부족하면 영어를 가르치면 된다. 그러나 학원에서 전 과목을 배우게 하면 정작 학교 수업은 소홀히 하게 된다.

　사교육의 유행을 타지 않는 공부의 정도正道는 고전에 잘 나와 있다. 중국의 고대 철학자 순자는 '공부는 노력의 결과'라고 보았다.

천 리 길도 한 걸음부터 시작된다. 바다나 강물도 작은 물방울이 모여서 만들어지는 것이다. 아무리 좋은 말이라도 한 번에 열 걸음을 갈 수 없으나, 둔한 말이라도 열흘을 힘써 달리면 성공한다. 그러므로 성공은 멈추지 않는 데 있다. 깎다가 멈추면 썩은 나무도 쪼갤 수 없으나, 깎기를 멈추지 않고 계속하면 쇠나 돌도 쪼갤 수 있다.

또한 '공부는 집중하는 것이 필요하다'고 하였다.

지렁이가 날카로운 발톱이나 이빨은 없으나 위로는 진흙을 먹고 아래로는 황천의 물을 마시는 것은 진심으로 하나에 힘쓰기 때문이다. 게는 발이 여덟 개에 집게가 둘인데도 뱀이나 장어의 굴이 없으면 몸을 맡길 곳이 없다. 따라서 오직 하나의 정성스러운 뜻이 없는 사람에게는 빛나는 총명함이 없고 오직 한결같은 정성으로 노력하지 않는 사람은 성공하지 못한다. 눈은 동시에 두 가지를 보지 않을 때 밝고, 귀는 동시에 두 가지를 듣지 않을 때 밝다.

공자는 공부가 '평생을 살면서 계속되는 과정'이라고 하였다.

군자의 배움은 귀로 들어와 마음에 새겨지고 그것이 온몸에 퍼져 행동으로 드러나는 것이다. 군자는 말씨가 단정하고 행동이 알차서 모두 본받을 만하다. 소인의 배움은 귀로 들어와 입으로 나간다. 배움은 자기 자신의 수양을 위한 것이지 남에게 과시하는 것이 되어서는 안 된다.

공부는 선생님과 아이가 함께하는 것이다

다음으로는 좋은 스승을 만나는 것이 중요하다. 순자는 "책을 혼자 읽는 것만으로는 알기가 어렵다"고 말했다. 내가 《시경詩經》을 공부할 때의 일이다. 혼자 아무리 노력해도 책의 글귀가 이해되지 않았다. 그때 선생님이 그 책을 읽어주셨다. 혼자서는 잘 이해가 되지 않던 부분이 선생님이 읽고 해설해주시는 것을 듣는 순간 쉽게 머리에 들어왔다.

책은 그냥 읽는다고 이해되는 것이 아니다. 책을 읽고 이해하는 정도는 천층만층이다. 따라서 좋은 선생님의 가르침이 필요하다. 학교에서는 '적당히' 공부하고 학원에서는 '열심히' 공부한다는 것은 참으로 잘못된 생각이다. 학원 강사는 문제 풀이에 집중하지 그 내용을 깊이 있게 다루지 않는다.

교사가 어려운 내용을 알기 쉽게 설명해주고, 학생이 읽은 내용의 의미를 분석하여 자기 나름의 생각을 스스로 다듬게 하는 것은 학교에서 이루어져야 할 일이다. 혼자 책을 열 번 읽는 것보다 때로는 선생님의 말 한 마디가 머리에 쏙 들어오는 경험을 한 번쯤은 해보았을 것이다. 그러한 일은 그 내용에 정통한 교육자가 아니면 할 수 없다.

러시아 교육학자 레프 비고츠키Lev Vygotsky는 공부는 아이 스스로 하는 것이 아니라고 하였다. 선생님과 학생이 공동으로 공부해야 가장 효과가 있다는 것이다. 선생님 이외에 믿을 만한 사람이 있으면 도움을 받는 것도 효과가 있다고 보았다. 반면 미국의 심리학자들은 스스로 터득하는 것이 공부라고 보았다. 그러나 아이의 수준이 천차만별이고 배워야 할 내용도 점점 늘어가는 상황에서, 공부를 아이의 자율성에만 맡겨둘 수는 없다. 유능한 선생님의 지도는 아이의 학습에 도움이 된다.

우리 아이들도 자신의 공부를 심화하고 전공을 선택하는 과정에서 학교 선생님의 영향을 많이 받았다. 이는 학원에서는 절대 경험할 수 없다. 스승에게서 제대로 배우지 못하고 공부한 것을 자신의 것으로 소화하지 못하면, 그것은 잡다하고 천박한 지식에 불과하다. 쓸데없이 시간만 낭비하는 일이다. 어진 스승을 만나 그를 본받고 진정한 학습 내용을 가슴에 품고 수양할 줄 알아야 한다. 또한 반복하여 외움으로써 배운 내용을 깊이 이해하고, 사색과 성찰을 거듭함으로써 공부한 것에 대해 통달해야 한다. 그것만이 진정한 교육이다.

시대가 변화할수록
더욱 요구되는 공부의 본질

1960~1970년대에는 한국이 산업화 초기 단계에 있었다. 당시 우수한 학생은 공과대학이나 상경대학을 선택했다. 회사나 공장이 여기저기 들어서면서 공과대학이나 상경대학 출신 학생들이 취업에 유리했기 때문이다. 1980년대에는 법과대학이 선호되었다. 상업이 발전하면서 상행위와 관련한 다툼과 분쟁이 늘어났기 때문이다. 2000년대에 들어서는 문화산업이 발달하면서 직종이 매우 다양해졌다. 국어, 영어, 수학 과목뿐만 아니라 음악이나 체육 등 예체능 과목도 중요해졌다.

산업화 초기에는 학교의 시험 점수가 모든 것을 결정하였다. 좋은 대학, 좋은 학과에 입학하면 곧바로 좋은 직장을 구할 수 있었다. 시험 점수가 학생들의 진로에 결정적 영향을 미치는 시대였다. 그러나 지금은 학생의 재능을 가장 중요하게 생각한다. 조성진, 손흥민, 봉준호 등 세계적으로 뛰어난 한국인은 시험 점수가 아닌 자신의 재능으로 승부를 보았다.

　사회가 복잡해지고 인터넷 문화가 발달하면서 한 사람의 영향력이 빠르게 세계로 뻗어나가게 되었다. 사회가 개인의 능력을 더욱 중시하면서 학생들도 점점 학교 성적 이상의 것을 많이 요구받고 있다. 어떤 학교와 학과를 졸업했느냐보다 무슨 활동을 했는가가 중요해진 것이다. 국내의 일류 학교를 졸업했다 하더라도 세계가 하나로 통하는 시대에는 다른 나라의 명문 대학 졸업생과 경쟁해야 살아남는다.

　국내 최초의 필즈상Fields Medal 수상자 허준이 교수는 미국 명문 대학에 입학한 한국 유학생들이 "단순한 문제들은 실수 없이 푸는데, 그 너머의 것들을 보는 공부는 잘하지 못하는 것 같다"고 토로한 바 있다. 그는 각국의 젊은 수학 천재들이 프린스턴대학에 모여 토론을 벌인 시간이 가장 소중했다고 회고했다. 새로운 이론을 칠판에 쓰는 창의적인 토론 과정에 한국인 유학생들은 제대로 적응하지 못했다고 한다.

　장자는 공부로 얻는 안목에 대해 이렇게 말했다.

사람이 배우지 않으면 하늘에 오르려 하는데 기술이 없는 것과 같다. 배워서 지혜가 원대해지면 상서로운 구름을 헤치고 푸른 하늘을 바라보는 것과 같다. 높은 산에 올라서 온 세상을 바라보는 것과 같다.

공자는 공부하지 않으면 닥치게 될 위험에 대해 이렇게 말했다.

사람이 태어나서 배우지 않으면 어두운 밤길을 걷는 것과 같다. 옥은 다듬지 않으면 그릇이 되지 못하고, 사람은 배우지 않으면 도리를 알지 못한다.

공부는 교과서를 외우고 시험을 잘 치르는 것으로 끝나지 않는다. 오랜 노력과 시련을 거쳐 작은 것 하나를 겨우 알게 되면서 서서히 안목을 넓히는 과정이다.

결국 사람은 교육을 통하여 멀리 볼 수 있고, 자신이 처한 환경을 개선할 수 있다. 그것은 결코 혼자 할 수 있는 것이 아니고, 부모, 학교, 사회의 도움이 뒷받침되어야 한다. 무릇 사람이라면 평생 배움을 놓지 말아야 한다는 의미에서 '평생 교육'이라는 말이 있고, 발달 단계에 따라서는 유아교육, 초등교육, 중등교육, 고등교육 등이 있다. 또 교육 장소에 따라 가정교육, 학교 교육, 사회 교육 등이 있다.

학교에서 배운 지식만으로 현대 사회의 급격한 변화에 대응하기는 점점 어려워지고 있다. 그러나 우리의 교육 현실은 여전히 50~60년 전 수준에 머물러 있다. 단답을 기억하여 좋은 시험 점수를 얻는 경쟁에서 벗어나지 못하고 있다. 답을 찾기 위해 스스로 노력하기보다는, 답을 외우는 데 그치고 있다. 이제는 아이들의 능력을 점수로 평가하는 것을 넘어, 다각도로 깊이 있게 평가하는 제도를 고안할 필요가 있다.

학교 성적이 전부가 아니다

  교육의 문화나 가치, 방법이 변화하면서 우리나라도 앞으로 많은 제도적 변화를 마주해야 할 것이다. 지금은 대학수학능력시험이나 학교 성적이 중요한 평가 기준이지만, 앞으로는 창의력이나 개성이 중시될 것이다. 미국에는 우리나라의 대학수학능력시험과 같은 SAT 시험이 있지만, SAT 점수는 학생들을 평가하는 기초 자료에 불과하다. 우리나라처럼 대학수학능력시험 점수가 절대적인 기준이 되지 않는다. 일정한 수준 이상의 SAT 점수를 확보하면, 학생의 개성이나 재학 중의 활동이 평가의 중요한 기준이 된다. 우리처럼 1~2점 차이로 합격과 불합격이 결정되는 것은 불합리하다. 중고등학교에서 어떤 활동을 하였는지가 중요한 평가 기준이 되어야 한다. 그것은 학생의 현재 수준보다 앞으로의 발전 가능성에 더 중점을 둔다는 뜻이기도 하다.

나는 손녀가 미국에서 대학에 진학하는 과정을 지켜보면서, 미국의 대학생 선발 과정이 얼마나 치밀한지 알 수 있었다. 우선 학교 성적과 SAT 성적은 기본으로 갖춰야 한다. 그다음은 학교의 추천서가 중요하다. 추천서에는 학교에서 구체적으로 어떤 활동을 했는지가 적혀 있다. 주로 정규 수업 외의 활동으로, 스포츠, 연극, 토론 등이 이에 해당한다. 우리처럼 시험 점수 올리기에만 집중하며 학교의 여러 공식적인 행사에 빠지면 심각한 감점 요인이 된다.

다음으로 중요한 것은 자기소개서이다. 자신이 어떤 사람인지, 관심사나 취미는 무엇인지, 그에 따른 진로나 미래 계획을 어떻게 설계하고 있는지 제시해야 한다. 그다음 단계는 면접시험이다. 먼저 해당 대학의 졸업생이 면접을 진행하며, 그 뒤로는 졸업생 중 유명인에게 추천서를 받는다. 미국의 일류 대학은 졸업생이 추천하는 학생에게 가산점을 준다고 한다.

손녀의 대학 입학 과정을 자세하게 설명한 이유는 앞으로 우리 입시제도도 변할 것이라는 생각에서다. 학생의 성적뿐만 아니라 재능이나 열성, 사회성을 골고루 살펴 종합적으로 평가하는 미국의 입학 제도는 학교 성적과 사회적 성공의 상관관계가 그리 높지 않다는 최근 교육학의 연구 결과에도 부합한다.

교육은 사람다운 사람, 인격을 갖춘 인간을 만드는 데 목적이 있다. 그러나 많은 학부모가 여전히 성적이 교육의 전부라고 생각한다. 성적이 좋아야 좋은 대학에 입학하고, 좋은 대학을 나와야 좋은 직장을 얻을 수 있다고 생각한다. 그러나 이는 짧은 생각이다. 직장에서의 성공은 성적만으로 결정되지 않는다. 오지선다형 시험 문제를 푸는 것을 넘어 업무에 대한 열정과 적응력을 포함한 종합적 '능력'이 있어야 한다. 자기 일이 좋아서 열심히 하고 구성원들과 협력을 잘하는 사람이 성공한다. 그러므로 교육에 대한 투자는 멀리 보고 해야 한다. 학교 성적에만 연연하면 안 된다.

교육의 주체는 가정이다

가족은 삶의 터전이고 울타리다. 예로부터 가족이 없거나 가족과의 연이 끊긴 사람은 안쓰럽게 여겨지곤 하였다. 가족이 없는 아이, 노숙자, 노인 등의 사회적 약자는 국가의 보호 대상으로 꼽혔다. 특히 가족이 없는 무연고 아이는 심각한 사회적 문제로 대두되었다. 지금도 많은 구호 단체가 그들을 도와주고 있으나 가족과 같은 삶의 터전이 되어주기에는 많은 한계가 있다.

우리는 태어나면서부터 가족의 일원이 된다. 아버지, 어머니,

할아버지, 할머니, 형, 동생 등의 인연으로 묶여 있다. 우리는 그들과 섞여 살면서 도움을 주고받는다. 과거 대가족 제도에서는 다양한 가족 구성원이 서로 영향을 주고받았고, 가족 구성원 대부분이 아이의 보호자가 되어 육아를 분담했다. 그러나 핵가족이 보편화되면서 부모와 자식 간의 유대는 더욱 긴밀해졌고, 양육의 책임은 전적으로 어머니와 아버지가 맡게 되었다.

핵가족 시대의 부모는 자녀에게 좋은 가정 환경을 물려주기 위해 노력한다. 교육은 아이가 태어나면서부터 시작되며, 그 과정은 길고도 험난하다. 아이의 지능, 성격, 신체 등 생존에 필요한 기본 능력을 부모가 키워줘야 한다. 부모가 아니면 누구도 대신할 수 없다.

생존에 필요한 능력이 구비된 다음에는 사회생활에 필요한 기능을 습득하여야 한다. 이를 도울 수 있는 기관으로는 학교나 대중매체, 그리고 아동 단체 등이 있으나, 출생 후 초기 몇 년간 아이의 사회성 발달이나 정서적 발달, 지적 발달을 책임지는 것은 가족이다. 가정에서 시작되는 몇 년간의 사회적응 과정은 아이의 평생을 지배한다. 특히 생후 3년간은 전적으로 부모의 책임에 달려 있다.

부부관계가 원만한 가정에서는 아이에 관한 문제를 서로 의논한다. 그러한 과정에서 아버지들은 아이에게 관심이 많아지고 육아에 함께한다. 이렇게 부부가 공동으로 육아에 참여할 때 아이가 가장 행복하게 성장한다. 그러나 양육 분담에 대한 문제로 부부간에 갈등이 생기면 아이의 성장에 해로울 수밖에 없다.

해방둥이(일제로부터 해방된 1945년에 태어난 사람)인 우리 세대는 대가족과 핵가족이 병합된 형태의 가족이 주를 이루었다. 우리 가족은 나와 아내, 나의 어머니, 두 아이로 구성되어 있었다. 아내는 집안 살림을 맡고 아이를 돌보는 일은 어머니가 도와주셨다. 내가 직장에서 돌아오면 아내가 육아 문제를 의논하였다. 그 후로 아이들에게 관심을 갖게 된 나는 계획을 세워 아이들을 적극적으로 돌보았고 상당한 교육적 효과를 보았다. 거듭 강조하지만 아이들의 성장은 부모 중 한 사람의 노력만으로 감당할 수 없다. 부모를 비롯한 주변 가족의 협업이 필요하다.

애착기에 요구되는 부모의 태도

심리학자들은 0~3세를 일컫는 '애착기'가 일생에서 가장 중요한 시기라고들 한다. 부모와 아이가 서로 밀착되는 시기이며, 아이의 마음에 부모가 삶의 터전으로 자리잡는 시기이다. 부모의 사랑과 보호가 없으면 아이는 항상 외롭고 불안하고 자신 없는 사람으로 자라날 가능성이 높다. 삶의 터전이 견고해야 거기서 비약할 수 있고 실패를 해도 다시 일어설 수 있다.

부모 모두가 양육에 참여하는 것이 좋고 또 최근에는 아버지의 역할이 중요해졌다고는 하지만, 아무래도 애착기에는 어머니와의 관계가 아이의 정서에 절대적인 영향력을 끼친다. 태생적으로 아기는 어머니를 좋아하고 마찬가지로 어머니도 아기를 좋아한다. 아기들은 어머니의 젖을 빨고 만지며 어머니에게 적극적인 애정을 보인다. 그리고 만족의 신호를 보낸다. 꺄르륵 소리를 내고, 옹알이를 하고, '천사의 미소'를 보낸다. 어머니도 그런 아기의 반응에 미소를 짓거나 꼭 안아주는 등 호의적인 반응을 보인다. 이런 애착 관계가 형성되지 않으면 아기는 반항의 표시를 한다. 어머니를 못 본 체하거나 투정을 부린다.

아이와의 애착 관계가 잘 형성되지 않는다면 부모는 자신의 문제를 점검해야 한다. 어머니가 자신의 삶을 건사하기도 어려운 처지라면 아이에게 적절한 애정 표현을 하지 못한다. 애착 관계 형성에 실패하는 부모 상당수는 어릴 적 자신의 부모와 애착 관계를 형성하지 못한 경우가 많다. 또는 원하지 않는 임신을 한 경우나, 건강에 문제가 있거나 경제적인 어려움이 있는 경우에도 부모는 아이와 올바른 애착 관계를 맺기 어렵다. 또 하나 중요한 것이 부부관계다. 부부관계가 원만하지 않으면 아이에게 치명적인 영향을 미칠 가능성이 높다.

부모의 사랑을 받지 못한 아이는 화를 잘 낸다. 친밀한 관계를 맺고 싶은 욕구는 있지만, 관계를 맺기 위해 용기를 낼 줄 모르고 누구도 쉽게 믿지 못한다. 청소년기에는 자신과 같은 사람들에게 소속감을 느끼게 해주는 불량배들을 쉽게 따라간다. 사회에서 버림받은 외톨이라고 생각하게 되면 상대를 힘으로 누르거나 그가 자신을 우습게 본다 여기며 불같이 화를 낸다. 심하면 폭력을 행사하게 된다. 패거리를 이루는 가출청소년이 늘어나는 원인을 살펴보면 대부분 부모와 가정의 문제로 귀결된다.

만약 어머니가 아이를 돌볼 수 없는 환경이라면, 아버지가 기꺼이 육아에 참여해야 한다. 최근에는 아버지가 육아 휴직을 사용하고 적극적으로 육아하는 사례가 늘고 있다. 과거 한국의 아버지는 직장에서 살다시피 하고 어머니는 가사를 책임지는 것이 일반적이었다. 아버지가 하는 일은 주말에 아이와 밖에 나가서 놀아주는 것이 전부였다. 그러나 맞벌이 부부가 많은 요즘 같은 시대에는 남성도 기저귀 갈기, 목욕시키기, 아기 달래주기 등을 할 줄 알아야 한다. 그래야 아버지도 아이와 애착 관계를 형성할 수 있다.

양쪽 부모 모두와 애착 관계가 잘 형성된 아이는 한쪽 부모와 애착 관계를 형성한 아이보다 새로운 환경에 적응을 잘한다. 유치원에 가서도, 학교에 입학해서도 두려움 없이 또래 관계를 맺고 놀이를 주도한다. 이 아이는 다른 아이들이 원하는 것을 잘 수용하기 때문에 인기가 있다. 호기심도 많고 배우려는 열의도 풍부하다. 반대로 부모와의 애착 관계가 형성되지 않은 아이는 위축된 모습을 보이고 다른 아이들과 노는 것을 원치 않는다. 이 아이는 성장하면서 어떤 일에도 흥미를 보이지 않고 학습에도 적극적이지 않다.

부모는 어떻게 아이를 훈육해야 하는가

아이가 2~3세가 되면 해야 할 행동과 하지 말아야 할 행동을 구분하는 시기에 접어든다. 아이에게 예절과 자기 통제력을 길러줘야 하는 단계에 들어선 것이다. 이 기간에 부모는 아이의 요구를 들어줘야 할지, 통제해야 할지 선택하는 문제에 맞닥뜨린다. 아이의 요구에 응답하는 부모는 적합한 요구와 부적합한 요구를 구별하여 전자에 대해서만 허용한다. 반대로 아이의 요구에 불응하는 부모는 아이의 의견을 일방적으로 무시한다. 아이의 요구에 응답하는 부모에게서 자란 아이는 정서적으로 안정되어 있고 또래들과 잘 어울리며 높은 자존감을 갖고 성장한다. 반대로 아이의 요구에 응답하지 않는 부모에게서 자란 아이는 또래 관계를 잘 맺지 못하고 우울증이나 사회적응 문제를 일으킬 가능성이 높다.

아이의 요구를 들어주거나 통제하는 방법에 따라 구체적으로 네 가지 유형의 부모가 있다. 우선 독재자 유형의 부모다. 부모가 엄격하게 규칙을 정하지만, 규칙을 지켜야 하는 이유를 설명하지 않고 무조건 복종하기를 요구하는 경우다. 둘째는 권위적인 부모다. 부모가 아이에게 가족회의에 참여하도록 하고, 가족의 규칙을 따라야 하는 이유를 설명한다. 부모가 아이의 생각을 인정하고 존중한다. 셋째는 허용적인 부모다. 아이가 자유롭게 행동할 수 있게 하고 아이의 활동을 특별히 통제하지 않는다. 넷째는 방임적인 부모다. 부모가 자신의 문제 때문에 아이를 돌보지 않는 경우다. 이 경우 아이는 짜증을 부리거나 공격적인 행동을 하기도 한다. 반사회적인 사람으로 성장할 가능성이 크다.

가장 바람직한 방법은 권위적인 부모의 훈육이다. 권위적인 부모에게서 자란 학령기 전 아이는 자신감이나 사회성이 높고 성취 지향적이다. 이들은 8~9세에도 독창적인 사고가 가능하고 지적 도전을 즐거워한다. 외향적인 성향으로 모임에 적극적으로 참여하며, 일정 수준의 지도력도 갖추고 있다. 즉 지적·사회적인 면에서 모두 긍정적이다.

　권위적인 부모에게서 자란 아이가 훌륭하게 성장하는 이유는 크게 세 가지를 들 수 있다. 첫째, 아이에게는 기본적으로 부모에 대한 신뢰가 형성되어 있으며, 자신의 성공을 도와줄 수 있다는 믿음이 있다. 둘째, 아이가 민주적인 방식으로 부모의 의사결정에 참여한다. 부모는 아이의 말을 잘 듣고 난 뒤 자신의 의견을 제시한다. 셋째, 부모가 아이에게 무조건적인 기대를 하지 않고, 아이의 재능을 면밀히 고려해 반응한다.

　아이에게는 사랑을 베풀어주는 일과 함께 적절한 통제가 필요하다. 부모의 지도를 받지 않고 아이가 스스로를 통제한다는 것은 무척이나 어려우며, 그렇게 부모의 간섭 없이 자란 아이는 이기적이고 반항적인 사람이 될 가능성이 높다. 반대로 부모가 너무 많은 통제를 하면 아이의 자율성을 방해하고 스스로 성장할 가능성을 낮춘다.

　아이는 성장하는 과정에서 부모에게 자율성을 요구한다. 청소년기에 부모와의 갈등이 빈번해지는 건 자연스러운 수순이다. 부모와의 말다툼은 대부분 외모, 또래 관계, 학교 과제 등 지극히 일상적인 문제 때문에 벌어진다. 이런 갈등은 주로 부모와 자녀 간의 관점 차이로 일어난다. 부모들은 도덕적·관습적 기준으로 품행을 조절해야 한다는 책임감에서 아이들을 질책한다. 한편 청소년기 자녀는 부모의 잔소리가 자신의 자율성을 침해한다고 생각한다.

그럼에도 잘 성장한 아이는 부모의 잔소리를 자신의 것으로 소화한다. 그것이 자신을 도와주기 위한 조언이라고 생각하기 때문이다. 부모는 아이가 집에 들어오고 나가는 시간, 아이의 학교생활에 관한 이야기, 평소의 행동 등을 살피며 갈등이 생겨날 때 일관된 원칙으로 아이를 제지해야 한다. 너무 느슨하지 않으면서도 일방적으로 제지하지 않고, 수용적이고 융통성이 있는 자세를 견지한다면 성공적으로 갈등을 조절할 수 있다. 이러한 방식으로 아이를 대하면 아이는 그것을 부모의 사랑과 관심으로 받아들인다. 아이는 자발적으로 자신의 행동을 부모에게 설명하게 된다. 그러나 부모가 지나치게 관여하거나 통제적이면 아이는 반항하게 된다.

부모의 투자가
유산으로 이어지기까지

대체로 부모는 자식에게 많은 유산을 물려주기 위해 노력한다. 자신은 못 살아도 자식은 잘살 수 있기를 바란다. 재산이 가장 대표적인 유산이라고들 하지만, 물려줄 재산이 없다고 생각하는 사람들은 일종의 '보증수표'로서 교육에 대한 투자를 아끼지 않는다. 교육에 투자해야 좋은 학교에 들어가고, 좋은 직장을 얻고, 부자가 되고, 편하게 일생을 보낼 수 있을 것이라 기대하기 때문이다.

좋은 학군으로 가기 위해 위장 전입도 마다하지 않는다. 국가의 공무를 담당하는 고위직 가운데 자식을 위해 위장 전입을 하지 않은 사례가 드물다. 사교육비로 월 수백만 원이 들기도 한다. 웬만한 직장인의 월급과 맞먹는 수준이지만, 아무리 가난한 가정이라 해도 자식을 위한 교육비 지출은 아끼지 않는다. 교육이 가장 확실한 투자라고 믿기 때문이다.

그러나 지금의 부모들이 투자를 잘하고 있는지에 대해서는 의구심이 든다. 교육은 평생 계속되어야 투자의 효과를 볼 수 있다. 학교 공부로 교육이 끝나는 것이 아니다. 학교를 졸업하고 나서도 삶은 계속되고, 배워야 할 것은 더 많아진다. 평생 배워야 한다.

또한 교육은 교사 혼자 하는 것이 아니다. 학교에 다닐 때는 교사가 중심이지만, 입학 전에는 부모가 중심이 되어야 하고, 심지어 태어나기 전에도 다양한 가족 구성원들을 통해 '태교'라는 교육이 이루어진다. 아이의 교육에 있어 중요한 환경 요소도 시기별로 달라진다. 중학교에 가면 어떤 친구를 사귀느냐가 중요해지고, 고등학교에 가면 같은 반 학생이나 교사가 만드는 수업 분위기가 중요해진다. 대학에 가면 어떤 교수에게서 배우는지, 만나는 친구들과 어떤 대화를 나누는지가 중요해진다. 결국 한 아이를 길러내는 데 있어 교사뿐만이 아닌 가정, 친구, 사회의 관여가 끊임없이 이루어지며, 이 모든 가르침의 여정에서 부모는 처음과 마지막을 담당하는 것이다.

2장

아이는
어떻게 크는가:
뇌의 성장과
지능의 발달

나는 임신과 출산의 과정이 얼마나 신비로운지를 잘 알지 못했다. 결혼을 하면 다른 사람이 그렇듯 별 탈 없이 아이를 쉽게 낳게 될 줄 알았다. 남편으로서, 아버지로서 특별한 교육을 받은 일도 없었기에 아내가 겪게 될 고통이 얼마나 큰지, 한 아이를 키우는 일이 얼마나 고된지 상상조차 하지 못했다. 그렇게 첫아이가 출생하였고, 폭풍과 같은 육아와 교육의 시기가 지나갔다.

나의 다음 세대는 내가 겪은 어려움에 빠지지 않기를 바라는 마음에서 이 장을 마련했다. 임신 및 출산의 순간부터 영유아로 자라나고 청소년기에 적성을 결정해야 하는 순간에 이르기까지, 뇌와 신체의 발달, 유전자의 기능 및 영향을 중심으로 아이의 성장 과정을 개략적으로 다루고자 했다. 내가 처음 가정을 꾸리던 수십 년 전과 마찬가지로, 지금도 아이를 가지고 난 뒤 어찌할 바 몰라 하는 부모가 상당히 많다. 여기서 다뤄진 과학적 연구 결과가 아이의 신체와 마음을 건강하게 키우는 데 조금이나마 도움이 되기를 바란다.

건강한 아이를 만나기 위한
태교 방법

아이의 신체 대부분은 놀랍게도 태내에 있는 3~8주 동안 형성된다. 이 기간에 인간의 생명을 유지하는 데 필요한 모든 기관이 만들어진다. 이때는 모든 신체 기관이 지극히 취약한 상태인데, 어머니가 아이를 임신했다는 사실을 의식하기도 전이다.

아이의 머리와 주요 신경계에 심한 물리적 결함이 발생하는 결정적 기간은 임신 3~5주 차이다. 심장은 임신 3주 차 중반에서 6주 차 중반까지가 가장 취약하다. 이 중요한 시기를 잘 지내면 아이의 기관이나 신체 일부가 완전하게 형성 되면서 손상을 입을 가능성이 줄어든다.

이때 부모는 무엇을 조심해야 하는가? 어머니가 바이러스에 감염되면 아이에게 결정적인 해를 끼칠 수 있다. 예컨대 풍진에 걸린 임신부는 시각장애, 청각장애, 심장질환, 지적장애 등을 가진 아이를 낳을 수도 있다. 또한 임신부가 기생충에 감염된 고기를 잘못 먹는 경우 성적 질병을 지닌 아이가 태어날 수 있으므로, 고기는 잘 익혀서 먹어야 한다.

약물도 주의해야 한다. 어머니에게는 문제가 없는 약물도 아이에게는 극도로 위험할 수 있다. 특히 아스피린을 많이 복용한 임신부는 아이의 지적장애나 사망을 유발할 수 있다. 커피 등의 카페인을 다량으로 섭취하는 경우도 유산이나 저체중 같은 합병증을 유발할 가능성이 높다. 알코올 음용이나 흡연 또한 아이의 건강에 심각한 영향을 준다.

어머니가 알코올이나 약물을 복용하지 않아도 아버지가 알코올 중독자이거나 약물 사용자라면 결함이 있는 아이를 출산할 가능성이 높다. 알코올이나 약물은 남성의 정자와 결합되면서 돌연변이를 만든다.

건강한 아이를 출산하기 위해서는 환경적인 영향도 무시할 수 없다. 특히 방사능이나 오염물질에 주의해야 한다. 임신한 여성이 골반과 배에 엑스레이 촬영을 하는 것은 금물이다. 인공 감미료, 해충, 화장품 등도 기형아 출생과 관계가 있다고 알려져 있다. 오염되지 않은 공기와 물을 마시는 것도 중요하다.

또한 임신부는 충분한 영양 상태, 정서적인 안정, 출산 연령도 고려해야 한다. 이러한 부분은 임신부 혼자 감당하기 어려우니 가족 모두가 협조해야 하며, 특히 남편의 관심과 주의가 필요하다.

아이의 뇌는 어떻게 성장하는가

아버지의 정자와 어머니의 난자가 만나 형성된 수정란은 수 시간 내에 부모의 유전자를 받는다. 유전자에는 아이가 살아가는 데 필요한 모든 생명 기관의 씨앗이 들어 있다. 수정란은 착상을 통해 태아로 발달하고 출산 과정을 거쳐서 한 생명으로 탄생한다.

그렇게 출산이 이루어진 후에는 놀라운 일이 벌어진다. 아이가 이내 말을 하고, 걷고, 뛴다. 두뇌가 발달하고, 신체를 자유롭게 움직이고, 놀이도 즐기게 된다. 생후 2개월이 되면 신장과 체중이 빠르게 성장하고, 중추 신경계의 많은 발달 또한 동시에 이루어진다.

뇌는 인간의 신체 가운데 가장 먼저 발달하는 부위로 특히 생애 초기에 놀라운 속도로 발달한다. 태아기의 마지막 3개월과 생후 2년을 '뇌 성장 급등 시기'라고 부르며, 성인 뇌 무게의 절반 이상이 이 시기에 만들어진다.

생애 초기 뇌 발달은 타고난 유전 기능과 경험이 합쳐진 결과라는 사실을 알 수 있다. 아이는 어머니 배 속에서부터 이미 자극을 받아들인다. 어머니가 듣는 좋은 음악과 태아와 나누는 대화는 뇌 성장에 도움이 된다. 인간의 뇌는 태내에서부터 학습할 준비가 되어 있다.

뇌와 신경계는 1조 개 이상의 세포로 이루어지는데, 이를 '뉴런'이라고 한다. 신비롭게도 2,000억 개의 뉴런은 임신 6개월경에 만들어진다. 뉴런은 태아의 신경관에서 만들어져 뇌의 주요 부분으로 배당되며 신경 자극을 받아들이고 전달한다.

뇌는 많은 양의 뉴런과 시냅스를 만들어 인간이 경험할 수 있는 모든 감각 자극과 운동 자극을 받아들일 수 있도록 진화한다. 뇌는 자극에 따라 얼마든지 발달할 수 있다. 뉴런과 뉴런을 잇는 '시냅스'가 형성되면 뇌는 빠른 속도로 성장한다. 다른 뉴런과 잘 연결된 뉴런은 그렇지 못한 뉴런을 밀어낸다. 이때 생존한 뉴런은 수백 개의 시냅스를 형성하며, 그 과정에서 자주 자극을 받는 뉴런과 시냅스는 계속 남아 있고, 자극을 덜 받는 뉴런과 시냅스는 사라진다. 이는 경험이 주는 자극에 뇌세포가 고도의 반응을 보임을 의미한다.

그렇다면 영아기의 뇌 발달에 도움이 될 만한 초기 경험은 무엇인가? 영아의 초기 경험은 뇌와 중추 신경계 발달에 영향을 미친다. 16개월 동안 어둠 속에서 사육된 어린 침팬지는 망막과 시신경을 구성하는 뉴런이 위축된다. 이렇게 시각 기능이 퇴화하는 경우 그 기간이 7개월을 넘기지 않으면 시각이 회복될 수 있지만, 1년 이상 계속되면 회복될 수 없다. 즉 적절한 자극을 받지 못하는 뉴런은 퇴화한다. "사용하라, 그렇지 않으면 퇴화된다." 뇌 발달의 기초 이론이다.

그렇다면 뇌에 자극적인 환경을 만들어줄 경우 미성숙한 신경도 발달할 수 있는가? 그렇다! 같이 놀 친구와 장난감이 많은 환경에서 자란 동물은 실험실에서 사육된 동물보다 뇌가 더 무겁고 신경 연결망 또한 더 넓어졌다. 자극적인 환경에서 사육된 동물이 덜 자극적인 환경으로 이동하면 뇌는 퇴화한다. 인간도 마찬가지다. 부모가 자주 같이 놀아주고 놀잇감도 많아야 뇌가 발달할 수 있다.

뇌 발달의 기반은 유전자에 의해 결정되지만, 영아기 초기 경험 또한 뇌 발달에 큰 영향을 미친다. 그렇기 때문에 아이를 잘 키우려면 아이가 어렸을 때부터 부모가 교육에 관심을 가져야 한다. 교육은 태내에서부터 시작된다는 사실을 잊지 말자.

뇌 기능의
분화 과정

　아이가 태어날 때는 뇌 하부가 가장 많이 발달한다. 뇌 하부는 의식의 상태, 선천적 반사작용, 소화, 호흡, 배설 등 생명 유지에 필요한 기능을 통제한다. 뇌 하부를 둘러싼 대뇌와 대뇌피질은 신체 움직임, 지각, 학습, 사고, 언어와 같은 지적 성장과 관련이 있다.

　대뇌는 좌우 두 개의 반구로 나뉘어 신경 섬유로 연결되어 있다. 좌반구와 우반구의 기능은 다르다. 좌반구는 신체의 오른쪽을 통제하며 말하기, 듣기, 기억, 의사결정, 언어 사용, 긍정적 감정 표현을 담당한다. 반대로 우반구는 신체의 왼쪽을 통제하며 시공간 정보, 음악과 같은 비언어적 소리, 촉각의 처리와 부정적 감정 표현을 담당한다.

　가장 먼저 발달하는 대뇌 영역은 팔을 흔드는 것과 같은 1차 운동 영역과 시각, 청각, 후각, 미각과 같은 감각을 처리하는 1차 감각 영역이다. 신생아는 감각 영역과 운동 영역이 가장 먼저 발달한다. 생후 6개월이 되면 시각과 청각에 해당하는 1차 감각 영역을 통해 1차 운동 영역이 영아의 행동 대부분을 조정함으로써, 간단한 운동도 하고, 보고, 듣고, 냄새도 맡게 된다.

뇌세포는 성장하면서 신경 일부가 뉴런 주위에 막을 만드는 수초화myelination가 이루어진다. 수초는 신경 자극 전달을 빠르게 하여 뇌가 신체의 다른 부분과 효율적으로 정보를 주고받게 한다. 감각기관과 뇌 사이의 수초가 형성되면 신생아의 감각기관이 발달한다. 뇌와 골격 사이의 신경 통로에 수초화되면서 머리와 가슴을 들어 올리고 팔과 손을 뻗고, 구르고, 앉고, 서고, 걷고, 뛰는 것과 같은 복잡한 운동도 점점 더 잘하게 된다.

출생 후 몇 년 동안은 수초화가 빠르게 이루어지지만, 한 주제에 오랫동안 집중하는 부분의 수초화는 10대 중후반이 되어야 비로소 이루어진다. 이것이 영아 및 학령기 아이의 주의 집중 시간이 청소년이나 성인보다 짧은 이유다. 따라서 어린아이에게 어려운 문제를 풀게 하는 것은 어리석은 교육 방식일 수 있다. 어린 아이들은 어려운 주제에 오랫동안 집중할 수 없으며, 무리한 조기 학습은 역효과를 불러온다.

10대에 들어서면 아이의 사고 능력은 예전과 달라진다. 예컨대 스스로 "만약 …이라면"이라고 질문하는 경우가 많아진다. 그리고 진실과 정의 같은 추상적 개념에 대해서 깊이 생각한다. 10대가 사회나 철학적인 문제에 민감하게 반응하는 이유다. 그리고 이는 부모와 점점 상반된 의견을 갖게 되는 중요한 분기점이다. 연구자 대부분은 추상적 사고가 후기의 뇌 발달과 상관이 있다고 생각한다. 그리고 이 시기에 중요한 교육으로 독서와 토론, 글쓰기를 꼽는다. 추상적 사고 발달에 도움이 되기 때문이다.

만약 영유아기에 뇌 손상이 일어난다면, 이때 살아남은 신경회로는 손상된 뇌의 기능을 대신한다. 어린아이들은 뇌 손상이 일어나도 비교적 빠르게 회복하는 편이다. 뇌 손상을 겪은 청소년이나 성인은 적절한 치료를 통해 회복할 수 있지만, 어린아이만큼 빠르지는 않다. 뇌가 손상되었을 때 치료하는 시기는 빠르면 빠를수록 좋다. 그러니 어린아이의 언어나 행동에 문제가 생기면 지체하지 말고 뇌 전문병원에 방문하여 빠른 처치를 해야 한다.

운동이 지적 발달에 미치는 영향

아이는 태어난 첫해에 스스로 움직이거나 운동하는 등 놀라운 속도로 발달한다. 생후 한 달이면 뇌와 목 근육이 발달하여 엎드려 턱을 들어 올리는 운동을 시작한다. 그 직후에 가슴을 들어 올리고, 물건에 손을 뻗기도 하고, 구르기도 하며, 누가 도와주면 앉기도 한다.

출생 후 2년 동안의 발달은 대개 다음과 같은 단계로 이루어진다. 생후 1개월이 되면 물건을 만지고 싶어서 손을 뻗거나 잡는 기술을 발달시킨다. 생후 2개월경에는 뻗기와 잡기 운동은 주춤하지만, 3개월 이상이 되면 물건을 잡기 위하여 뻗기를 한다. 생후 4~5개월이 되어 잘 앉을 수 있고 팔을 안쪽으로 뻗을 수 있게 되면, 두 손으로 물건을 잡기 시작한다. 나아가 한 손으로는 물체를 잡고 다른 손의 손가락으로는 물건을 만지작거린다.

생후 첫해 후반기에는 손가락으로 만지기를 좋아한다. 장난감 자동차를 밀어보는 등 탐색 활동을 시작한다. 손 조작 기술 다음 단계는 엄지손가락과 집게손가락을 사용하여 물건을 들어 올리고 탐색하는 과정이다. 기어 다니는 벌레를 잡기 시작하며 쌀알이나 콩 등도 집는다. 손 조작 기술이 발달하면서 새로운 것을 만들려고 한다. 출생 후 두 번째 해에 아이는 손을 더 잘 쓰게 된다. 16개월이 되면 크레용으로 낙서를 하고, 24개월이 다 되었을 때에는 수평선이나 수직선을 따라 그리거나, 5개 이상의 블록으로 된 탑을 만들 수 있다.

물건을 잡을 수 있고, 기거나 걸을 수 있게 되면 아이는 부모에게 '폭탄'이 된다. 이때는 아이가 아무거나 잡지 못하게 집을 안전하게 꾸미거나, 특정 구역에는 접근하지 못하게 해야 한다. 그렇지 않으면 책을 찢거나, 병을 부수거나, 두루마리 휴지를 길게 푸는 것을 보게 된다. 부모는 탐색 활동을 막 시작한 아이의 호기심을 억제해야 한다는 딜레마에 빠지기도 하지만, 결국 아이와 즐거운 숨바꼭질을 하지 않을 수 없다.

아이의 탐색 활동은 인지적·사회적 발달을 자극하는 기폭제다. 기거나 걸으면서 거리를 인식하는 뇌의 감각이 발달한다. 이는 운동 기술의 발달이 다른 발달과 밀접한 관계가 있음을 보여 준다. 인간은 총체적으로 발달한다. 운동 기술의 발달은 신체적 발달뿐만 아니라 지적·사회적 발달에 기여한다. 예를 들어 공부를 잘하는 아이는 보통 어렸을 적에 감각이 예민해 기민한 행동을 보이곤 한다.

생후 1~2개월에는 '걸음마기'라고 하여 자주 넘어지는데, 이동하려다 물체에 발이 걸려 넘어지기도 한다. 그러다 3세가 되면 직선으로 걷거나 뛸 수 있게 되고, 4세가 되면 한 발로 깡충깡충 뛰고, 양손으로 큰 공을 잡고, 1년 전보다 더 멀리 더 빠르게 뛸 수 있게 된다. 5세가 되면 균형감이 좋아져 자전거를 탈 수도 있다. 그러나 종종 자신을 과대평가하여 사고를 저지르기도 한다. 멍이 들거나, 데고, 베고, 긁히는 등 신체에 손상을 입게 되는 것이다.

학령기가 되면 대근육의 발달로 더 빨리, 더 높이 뛸 수도 있고, 공을 조금 멀리 던질 수도 있다. 어린아이들은 팔만 써서 공을 던지지만, 청소년들은 어깨, 팔, 몸통, 다리를 모두 써서 공 던지기도 할 수 있다. 나아가 눈과 손의 힘을 조절하여 소근육을 더 잘 통제할 수 있다. 3세에는 셔츠의 단추를 채우고 신발 끈을 매는 것이 어렵지만, 5세가 되면 이 일들을 달성한다. 그러다 8~9세가 되면 드라이버 등의 기구를 이용하여 간단한 수리를 할 수 있고 카드놀이 등에 익숙해진다.

남자아이와 여자아이는 신체 능력이 거의 같으나 사춘기를 거치면서 남자아이들은 대근육이 증가하고, 여자아이들은 변함이 없거나 감소한다. 이는 후천적으로 발생하는 남녀의 성적인 차이다. 일반적으로 남자아이들은 여자아이들보다 근육이 많고 지방이 적으며 선천적인 힘으로 여자아이들을 능가할 것이라고들 알고 있지만, 이러한 신체적 차이는 사실 생물학적인 이유라기보다 사회적 산물이다. 여성 운동선수의 대근육은 감소하지 않는다는 사실로 이를 설명할 수 있다.

유전자가 결정할 수 있는 것

유전자는 정자와 난자가 만나 수정한 뒤 몇 시간이 지나지 않아 생겨난다. 정자와 난자의 유전물질이 합쳐져 세포핵이 만들어진다. 이 세포의 크기는 핀침 머리의 20분의 1 정도다. 하지만 이 작은 세포는 인간이 성장하는 데 필요한 모든 유전 정보를 포함한다.

세포에는 수천 개의 유전자로 구성된 46개의 실 같은 모양의 염색체가 쌍으로 연결되어 있다. 어머니 난자에서 온 염색체와 아버지 정자에서 온 염색체가 하나의 염색체 쌍을 이루는데, 어머니와 아버지는 각각 23개의 염색체를 자녀에게 물려준다. 한 쌍의 염색체를 구성하는 각각의 유전자는 크기, 모양, 유전 기능 등이 일치한다.

유전자는 DNA가 길게 펴져 있는 것을 의미한다. DNA는 복잡한 '이중나선' 모양의 분자로 꼬인 사다리 모양이다. DNA는 자신을 복제할 수 있는데, DNA의 이러한 복제 능력이 단세포 접합체를 복잡한 인간으로 발달할 수 있게 한다.

갓 태어난 아이는 유사분열로 얻은 수십억 개의 세포로 이루어졌는데, 이들 세포는 근육, 뼈, 기관, 기타 신체 구조를 만든다. 유사분열은 우리가 성장할 수 있도록 새 세포를 만들고, 손상된 세포는 새 세포로 대체하는데, 이는 일생 동안 계속해서 이루어진다. 세포분열과 함께 유전자도 복제되기 때문에 새로운 세포가 수정할 때 유전받은 46개 염색체의 똑같은 복사본이 있다.

그러나 같은 부모에게서 태어난 형제자매가 똑같지 않은 이유는 무엇인가? 독립적인 부모의 유전자 분열 과정으로 수많은 유전자풀이 생겨난다. 그렇기 때문에 형제자매라 할지라도 동일한 유전자를 받지는 못한다. 그러나 부모 유전자에서 같은 유전자를 반씩은 받기 때문에 닮은 점은 있으나 완전히 똑같지는 않다. 그래서 형제자매인데도 성격도 다르고 지능도 다른 것이다.

형제자매 중에서도 일란성 쌍생아는 똑같은 유전자를 물려받는다. 또한, 이란성 쌍생아는 어머니가 동시에 두 개의 난자를 내보내 각기 다른 정자를 만나 수정된 결과이다. 여성과 남성으로 구분되는 것도 염색체의 영향이다. 23쌍의 염색체 중에서 22쌍은 유사하다. 마지막 23번째 염색체 쌍은 아이의 생물학적 성性을 결정한다. 남성의 23번째 염색체 쌍은 Y 염색체와 X 염색체로 구성되어 있지만, 여성은 모두 X 염색체다. 따라서 정자와 난자가 수정할 때 남성의 Y 염색체가 여성의 X 염색체를 만나는지, 남성의 X 염색체가 여성의 X를 만나는지에 따라 아이의 생물학적 성이 결정된다.

그렇다면 유전자는 아이의 성장에 어떠한 영향을 미치는가? 첫째로 적재적소에 필요한 영양분을 공급한다. 둘째로 세포의 분화를 유도한다. 세포는 뇌, 중추 신경계, 순환기, 골격, 피부 등으로 분배된다. 셋째로 인체의 발달 속도를 조절한다. 예를 들면 청소년기에는 성장 유전자를 작동시키고, 성인이 되면 성장 유전자의 작동을 막아 성장을 조절한다. 마지막으로 유전자의 특성은 환경 요인으로 변형될 수 있다. 예컨대 큰 키의 유전자를 받은 경우라도 나쁜 환경 때문에 작은 키로 성장할 수 있다. 어릴 때 잘 먹지 못하는 경우가 그렇다.

우리는 아버지와 어머니의 유전자를 하나씩 받았다. 그런데 앞서 말했듯 자녀들은 부모의 유전자 한 쌍이 똑같이 혼합된 형태로 나타나지 않는다. 부모 중 한 사람의 유전자가 다른 한 사람의 유전자보다 우세하면, 그 아이는 우세한 유전자를 가진 부모를 닮는다. 부부 사이에 아이가 공부를 못하는 것이 네 탓이니 내 탓이니 시비를 거는 것은 그러한 이유 때문이다. 지능을 비롯한 모든 인간의 특성은 부모 인자에서 우세한 유전자를 선택하기 때문이다.

그러나 부모의 유전자가 모두 우열 형태로 영향을 주는 것은 아니다. 키, 체중, 지능, 피부, 기질, 암에 대한 취약성 등은 많은 쌍의 유전자가 영향을 미친다. 예컨대, 키는 유전자 세 쌍의 영향을 받기 때문에 부모의 키가 평균일 경우 27가지의 유전형 아이를 낳을 수 있다. 이때 평균 키로 조합되는 경우가 큰 키나 작은 키의 경우보다 많을 것이다.

지능을 결정하는 유전자가 몇 가지인가에 따라서 유전자 조합 결과는 수없이 많을 것이다. 세상에는 키가 큰 사람과 작은 사람, 지능이 높은 사람과 낮은 사람, 보통의 지능을 지닌 사람 등 많은 유전자 조합이 이루어진다. 어떻게 유전자 조합이 이루어지는지 인간은 알 수 없다.

염색체와 유전자의 이상 현상으로 태어나는 아이도 수없이 많다. 1천 명 중 한 명은 취약 염색체-X를 갖는다. 다운증후군은 유전적인 이상으로 나타나는 대표적인 증세다. 최근에는 자기 몰입, 반복적 자기 자극, 언어와 사회적 기술의 지체 등을 나타내는 자폐도 이 염색체 이상이 원인이라는 주장이 나오고 있다.

유전자와 환경이
지능과 성격에 미치는 영향

유전자는 아이의 지능과 성격 발달에 어떠한 영향을 어느 정도로 미치는가? 우선 아이의 지능을 살펴보자. 지능에서 유전적 요인이 차지하는 비율은 약 50퍼센트 정도다. 나머지 절반은 유전에 의한 것이 아니다. 그리고 그 비율은 나이가 들어도, 경험이 쌓여도 크게 변하지 않는다. 이는 지능이 발달하거나 퇴보한다는 뜻이 아니다. 최근 연구는 나이가 들면서 지능도 높아지는 경우가 있다고 주장한다. 물론 퇴보하는 사례도 있을 것이다.

어떤 연구에서는 지능에서 유전적 요인이 차지하는 비율이 70퍼센트라고 한다. 또 다른 연구에서는 유전적 요인이 차지하는 비율이 40퍼센트라고도 한다. 종합해보면 지능에서 유전적 요인이 차지하는 비율은 40~70퍼센트 내외라고 할 수 있다. 그렇다면 나머지 30~60퍼센트를 차지하는 요인은 무엇인가? 유전적 요인 이외에 가장 중요한 것은 환경이다. 가정 환경, 학교 환경, 사회 환경 등이 지능에 영향을 미친다. 그중에서도 특히 가정 환경이 중요하다.

가정 환경이 지능 발달에 영향을 미치는 방식은 크게 두 가지다. 하나는 같은 가정에서 자랐지만 경험이 각기 다른 경우다. 가령 일란성 쌍생아는 유전자도 같고 가정 환경도 같으므로 지능의 차이가 없을 것만 같다. 그럼에도 학업 성적에서 차이가 난다면, 문제는 두 사람의 경험 차이다. 친구를 사귀거나 놀이를 즐기는 기회 등 경험의 차이가 지능의 차이를 가져올 수 있다.

그러나 대부분의 경우 가정 환경이 비슷하면 경험하는 내용도 비슷하므로 지능도 비슷하게 발달한다. 예컨대 일란성 쌍생아와 이란성 쌍생아는 떨어져 살 때보다는 함께 살 때 지능이 더 유사하다. 그것은 가정의 교육환경이 유사하기 때문이라고 볼 수 있다.

나는 두 아이를 키웠다. 첫째는 나를 닮았다고 한다. 언어 지능이나 성격이 그렇다. 그러나 신체적 특성은 아내를 닮았다. 둘째는 아내를 닮았다. 지능이나 성격이 그렇다. 그러나 신체적 특성은 나를 닮았다. 아이들이 부모의 유전자를 물려받는 것은 틀림없으나 누구의 유전자를 더 많이 받는지는 알 수 없다. 모자라는 부분을 좋은 환경으로 채워주는 수밖에 없다. 물론 아이의 노력이 가장 중요하다.

아이의 성격도 부모의 유전자에 의해서 결정되는가? 대부분 성격은 가정이나 사회 환경에 의해 결정되고, 버릇은 '부모들이 가르치는 것'이라고 생각한다. 그러나 성격도 많은 부분 유전적 영향을 받는다. 예컨대 부끄러워하고 소극적이며 다른 사람과 함께 있는 것을 불편해하는 내향적 성격이나, 명랑하고 사교적인 외향적 성격은 50퍼센트가 유전적 요인에 의하여 결정된다.

요즘 중요하게 이야기되고 있는 것 중 하나는 '공감 능력'이다. 공감 능력이 높은 사람은 다른 사람의 요구를 잘 파악하고 그들의 복지에 관심을 갖는다. 신생아 중에도 다른 아이의 고통을 자신의 고통으로 느끼는 경우가 있다. 그렇다면 이 신생아는 공감 능력을 유전적으로 가지고 있다고 할 수 있는가? 대답은 '그렇다'이다. 신생아도 공감 능력을 유전적으로 가지고 태어난다.

한 예로 수십 년간 따로 살았던 일란성 쌍생아를 조사한 결과,

이들의 공감 능력에서 유전적 요인이 차지하는 비율은 중년이 되어서도 유사했다. 오랫동안 다른 환경에서 살았어도 두 사람의 공감 능력에서 유전적 요인이 영향을 미치는 비중은 같았다는 것이다.

유전적 요인이 성격에 미치는 영향은 어느 정도인가? 성격의 50퍼센트는 유전적 요인이 차지한다. 물론 나머지 50퍼센트는 환경적 요인에 의하여 결정된다. 그렇다면 환경적 요인의 어떤 부분이 성격에 영향을 미치는가? 우리는 가정 환경이 성격에 많은 영향을 미친다고 생각해왔다. 그러나 같은 가정에서 자랐어도 유전적으로 상관없는 사람들의 성격은 달랐다. 결과적으로 가정 환경은 성격 형성에 결정적인 영향을 미치지 않는다고 볼 수 있다.

그렇다면 어떤 환경이 성격 형성에 중요한 영향을 미치는가? 학자들은 '비공유' 환경이 성격에 가장 많은 영향을 미친다고 주장한다. 예컨대 부모가 딸과 아들을 다르게 대우하거나 첫째와 둘째를 다르게 대우하는 경우다. 형제자매는 부모에게 대우받은 정도에 따라 각기 다른 환경을 경험한다. 그 결과 성격이 달라질 가능성이 생긴다. 또 다른 환경은 형제자매 간의 관계다. 동생을 통제하려는 형이나 누나는 주장이 강하거나 강압적인 성인이 될 가능성이 높다. 반면 동생은 순종적이거나 인내, 협동에 익숙한 사람으로 자랄 가능성이 높다.

부모는 자녀에게 도덕적·종교적·정치적 관심사와 가치 지향점에 관한 본보기가 되며, 그런 것을 강조하기도 한다. '부모와 자녀 관계'라는 환경의 영향력은 대단히 크다. 특히 부모로 인한 형제자매의 경험은 성격 형성에 가장 크게 영향을 미친다. 아이에게 좋은 옷을 입히고 좋은 집에 살게 하는 호사만으로 교육이 이루어지는 것이 아니다. 아이와 대화해야 한다. 그들이 무엇을 원하고 무엇을 어려워하는지를 알아야 한다. 가장 중요한 것은 부모의 행동이다. "자식은 부모를 닮는다." 흔히들 듣고 하는 말이라 간과하기 쉽지만 과학적 진리에 가까운 무게가 있는 말이다.

어릴 때 적성을 잘 살펴야 한다

아이의 적성은 7~9개 이상이라고 심리학자 하워드 가드너 Howard Gardner는 말한다. 적성이 나타나는 시기는 분야마다 다르다. 과학 분야는 중학생 때부터 적성이 나타난다. 인문학 분야는 고등학생 때나 대학생 때 적성이 나타난다. 그리고 예체능 분야인 음악은 4~5세에, 미술은 7~8세에 적성이 나타난다. 체육 분야도 10대에 적성이 나타난다.

　부모가 아이의 성장 과정을 잘 살펴보면 적성을 알 수 있다. 아이마다 좋아하는 것이 다르다. 아이는 자기가 잘하는 것을 하고 싶어 한다. 잘하지 못하는 것은 하기 싫어한다. 아이가 좋아하는 것이 무엇인가를 잘 살펴 적성을 키워주는 것은 아이의 성장을 돕는 지름길이다.

　아이가 싫어하는 것을 억지로 권하는 것은 어리석다. 유명한 음악가나 미술가 중에 부모의 욕심대로 법학이나 의학을 공부하다가, 결국은 좋아하는 일로 진로를 바꾸게 되는 사례를 여럿 보았다. 그것은 동서양이 다를 바 없다. 부모의 욕심은 아이의 진로를 방해한다.

　유전자는 다른 사람의 반응에 영향을 받는다. 잘 웃고 활동적인 유전자를 가진 아이는 사회적으로 긍정적인 반응을 많이 받는다. 예컨대 교사는 잘 웃고 활동적인 아이에게 호의적이기 쉽다. 이런 사회적 반응은 아이의 활달한 유전적 성향을 더욱 증대시킨다. 따라서 부모는 교사와 자주 대화해야 한다. 그 과정에서 아이의 특성을 서로 이해해야 아이의 성장에 도움을 줄 수 있다.

　부모가 아이 교육에 가지는 관심은 어느 정도여야 적절한가? 일부는 과도한 관심에 반대한다. 아이가 타고난 능력에 맞게 공부하도록 자율적으로 두자는 것이다. 즉 '적당히 공부하면 된다'

고 주장한다. 그러나 최근 연구에 의하면 부모가 아이에게 '높은 기대'를 하는 경우가 '중간 정도 기대'를 하는 부모의 아이보다 학업 성적이 우수하고 사회적응 능력도 우수했다. 유전적 요인도 환경에 의해 변할 수 있다는 의미이다.

부모가 아이에게 '적당히 하면 된다'는 생각으로 대응하면 아이의 역량을 촉진시키는 데 덜 투자하고, 아이 또한 자기 책임을 의식하지 않아 적성을 발휘하며 살아가는 데 실패하게 할 수도 있다. 부모가 아이의 적성이나 꿈을 격려하면 아이는 능력을 발휘하며 사회에 적응하기 쉽고, 부모가 덜 적극적이면 아이 또한 능력 계발에 미진하기 쉽다. 그런 면에서 우리 부모들은 모두 잘하고 있다. 오바마도 한국의 어머니를 '호랑이 엄마'라고 칭찬하였다. 다만 어떻게 하느냐가 문제다. 아이들의 요구와 적성에 맞게 지원하느냐가 중요하다.

우리 환경은 크게 보면 학교·사회·가정 중심이다. 성장기에는 가정 환경이 중심이고, 학교를 졸업하고 사회에 나가면 사회 환경에 적응해야 한다. 사회 환경에 적응하는 일도 유전자와 환경의 영향을 받는다. 업무를 처리하는 지적 능력이나 성격 등도 50퍼센트는 유전적 요인에 의해 50퍼센트는 가정 환경에 의해 결정된다. 거듭 말하지만 그 기초를 성공적으로 완성하는 것은 개인의 노력이다. 그러나 부모가 물려주는 유전과 부모가 만들어주는 가정 환경은 가장 중요한 요인이다. 그것은 아이의 사회 환경 적응에도 영향을 미친다.

아이에게 좋은 품성과 기량을 길러주자

심리학자 애덤 그랜트Adam Grant는 "재능이나 자질은 타고나는 게 아니라 길러지는 것이며, 특별한 사람만이 아니라 누구나 자기 안의 숨은 잠재력을 발굴하고 키워내면 목표를 이룰 수 있다"라고 하였다. 그리고 잠재력을 키우려면 '품성'과 '기량'을 닦아야 한다고 하였다.

품성은 성격이 아니다. 성격은 개인이 생각하고 느끼고 행동하는 선천적 본능이다. 그러나 품성은 상황이 불리할 때 내가 가진 가치들을 지킬 수 있는 의지력을 말하는 것이다. 성격은 평상시의 행동 패턴이고, 품성은 '어려울 때 어떻게 처신하느냐'가 기준이다. 공자는 품성이 좋은 사람을 '군자'라고 하였고, 맹자는 '대장부'라고 하였다. 이들은 신념을 지키는 의지를 갖춘 사람을 의미한다.

하버드대학의 경제학과 교수 라즈 체티Raj Chetty가 테네시주

저소득층 자녀들이 다니는 학교 학생을 대상으로 성인이 된 이후 소득을 연구하였다. 그 결과 좋은 소득을 얻은 학생은 산수나 언어 점수가 아니라 자주적으로 묻고 답하는 주도적 학습을 하고, 또래와 어울리고 협력하는 친화력, 수업 시간에 딴짓하고 싶은 충동을 억제하는 자제력, 끊임없이 어려운 문제에 도전하는 의지력 같은 품성을 지니고 있었다.

그랜트는 품성과 기량을 갖춘 대표 인물로 일본의 건축가 안도 다다오安藤忠雄를 꼽는다. 다다오는 콘크리트 벽을 덮을 예산이 부족해지자 노출 콘크리트 그대로 건물을 지었다. 그랜트는 그것을 일본 건축가 다다오의 품성과 기량이라고 본 것이다. 그는 건축의 전통적인 양식에서 벗어나 창의적인 해법을 도모했다. 학교에서 최고 성적을 받는 모범생은 익숙한 문제 해결에는 우수하다. 그러나 실제 세상은 훨씬 복잡하여 정해진 틀에 익숙한 사람은 그 틀을 벗어날 품성과 기량이 없다.

학교 성적이 전부가 아님을 증명하는 인물은 수없이 많다. 대표적인 예가 아인슈타인이다. 아인슈타인은 8세까지 말을 잘하지 못했다. 초등학교 담임 교사가 어머니를 불러 이 아이는 희망이 없으니 기술이나 가르치라고 할 정도였다. 어머니가 공부를 시켜 어느 정도 수준에는 올랐으나 대학 입학시험에서 실패하여 여러 학교를 전전해야 했다. 그 모든 어려움에도 불구하고 아인슈타인은 포기하지 않고 과학을 공부하며 자신의 품성과 기량을 계발했고 그 결과 인류 발전에 큰 업적을 남겼다.

학교 점수에 만족할 것이 아니다. 아이가 지닌 유전적 재능과 품성을 잘 관찰해야 한다. 아이와 가까이서 오래 지켜본 부모만이 얻을 수 있는 귀한 정보다. 20명 이상의 학급 아이들을 가르치는 교사는 감당할 수 없는 일이다. 때때로 아이들의 적성을 발견하고 조언하는 교사도 있지만, 그것은 특별한 경우다. 요즘은 학부모가 시험 점수에 매몰되어 아이의 신념이나 의지를 길러주는 역할을 방기하기도 한다.

흔히 "사람이 되어야지"라고 말한다. 우리는 그 사람의 인격을 믿을 때 그 사람 말도 믿게 된다. 믿을 수 없다고 생각하는 사람의 말은 듣지 않는다. 부패한 고위 공직자들의 말을 믿지 않는 것은 그들을 불신하기 때문이다. 그들의 말과 행동이 옳지 않다고 보기 때문이다. 선생님이 아이들을 가르칠 수 있으려면, 아이들이 선생님을 존경할 수 있어야 한다. 그런데 집에서 부모가 아이에게 학교 선생님을 존중하지 않는 말과 행동을 한다면, 아이는 선생님을 믿지 않게 되고 수업 시간에 집중하지 않게 된다. 그것은 아이 스스로에게 좋지 않은 영향을 미칠 수 있음을 알아야 한다.

학부모와 교사는 아이를 장차 '어떤 사람으로 키워야 할 것인가?'를 고민해야 한다. 학교 성적이 전부가 아님은 아이의 앞으로의 삶을 고려하면 당연한 결론이다. 우리는 성적보다 품성이 중요하다는 사실을 잘 알고 있다. 피겨스케이팅으로 세계를 제패했던 김연아는 학교 성적이 좋아 성공한 게 아니다. 피나는 연습을 통해 수많은 어려움을 극복하고 성공했다. 성격은 어느 정도 타고나는 것이지만, 품성은 환경에 의해 길러지는 것이다. 부모는 좋은 환경을 만들어주는 안내자가 되어야 한다. 가정은 물론 좋은 학교나 좋은 이웃과 지내는 환경을 만들어주는 것 또한 부모의 역할이다.

지능 지수가
지능을 결정하지 않는다

유아기 지능 발달 과정

지능은 언제 어떻게 발달하는가? 지능이란 지능 검사 점수가 아닙니다. 스위스 심리학자 장 피아제 Jean Piaget는 "지능이란 인간이 주변 환경에 적응하도록 도와주는 삶의 기본 기능"이라고 정의하였다. 지능은 인간이 살아가기 위하여 노력하는 모든 정신적 활동이라는 것이다. 그것은 인간이 태어나면서부터 죽을 때까지 계속되는 활동이다. 영아기 아이가 걸음마를 배우기 위하여 노력한다든가, 유아기 아이가 굴렁쇠를 잘 굴리기 위하여 노력하는 것이나, 초등학생이 글자를 읽기 위하여 애쓰는 일 모두 인간의 지적 활동이며, 인간의 지능은 이런 모든 활동을 통하여 발달한다.

아이는 잘 알지 못하는 새로운 일을 만나면 그것을 해결하기 위하여 머리를 쓴다. 기존의 지식으로는 해결할 수 없는 새로운 문제를 해결하기 위하여 노력하는 과정에서 지능은 발달한다. 따라서 아이가 가지고 있는 지식의 양이 부족하면 지능 발달의 폭이 좁아질 수밖에 없다. 아이의 경험이 많아지면 많아질수록 지식은 더 쌓이게 되고, 문제를 해결하는 지능 발달의 폭도 넓어진다.

그렇다면 지능 지수가 성장하면서 변화하는 이유는 무엇인가? 지능 지수가 높아진 아이는 부모가 지적 성장을 장려하고 너무 엄하거나 너무 허용적이지 않았다. 반대로 지능 지수가 낮아진 아이는 많은 경우 가난한 환경에서 자랐다. 이것은 단순히 돈의 많고 적음의 문제가 아니다. 가난한 가정에서 자라는 아이는 부모가 밥벌이로 바빠 아이를 돌볼 시간이 부족해 지적 자극을 받을 기회가 적기 때문이다.

피아제는 지능의 발달이 단계적으로 이루어진다고 설명한다. 첫 번째 단계는 생후 2년간이다. 감각이나 운동을 통하여 사물을 인지하는 과정이다. 생후 1개월이 지난 아이는 젖을 빠는 행동에서 담요나 장난감을 빠는 행동으로 발달한다. 4개월이 되면 반복 행동이 이루어진다. 손가락을 빨거나 웃는 것을 보고 엄마가 반응하면 그 행동을 반복하는 것이다. 8개월이 되면 물건을 가지고 놀면서 재미를 느끼게 되어 이 행동을 반복한다.

12개월이 되면 목적이 있는 행동을 한다. 예컨대 쿠션 아래 재미있는 장난감이 있으면 아이는 한 손으로 쿠션을 들어 올리고 다른 손으로 장난감을 집어 든다. 우연한 행동으로 재미를 느끼는 단순 행동에서 한 단계 나아간 것이다. 18개월이 되면 물체를 가지고 실험하려고 한다. 예컨대 고무로 된 오리 인형을 눌러서 꽥 소리를 듣는 것으로 만족하는 단계에서 나아가 오리 인형을 땅에 떨어트리고 밟기도 한다. "아이 키우는 집에는 남아나는 것이 없다"는 말을 하게 되는 시기다. 물건이 어떻게 작동하는지를 보려는 아이의 호기심으로 탐색적인 지적 활동이 시작되는 것이다.

24개월이 되면 아이는 어떤 행동을 하기 전에 생각한다. 문제를 해결할 방법을 생각하는 정신적인 활동이다. 피아제 실험의 예를 살펴보자. "아이는 탁자 앞에 앉아 있고 나는 아이의 손이 닿지 않는 곳에 빵 부스러기를 놓았다. 그리고 25센티미터 되는 막대기를 우측에 놓았다. 처음에 아이는 빵을 집으려고 손을 뻗쳤다. 손이 닿지 않자 포기했다. 그러다가 막대기를 이용하여 빵을 자기 앞으로 끌어왔다." 문제 해결을 위한 지적 활동을 한 것이다.

2~7세가 되면 어떤 물건이나 대상을 단어나 그림 등으로 표현한다. 또한, 이 시기의 아이는 언어로 표현하는 특징을 갖는다. 생후 1년이면 옹알이를 하며, 2년이면 두 개 이상의 단어를 조

합하여 단순한 문장을 만든다. 더불어 이 시기 아이는 가상 놀이를 한다. 때로 텔레비전에 나오는 영웅같이 행동한다. 아빠가 되기도 하고 엄마가 되기도 하고, 의사가 되기도 한다. 부모는 아이들의 가상 놀이를 우습게 보아서는 안 된다. 같이 참여해야 한다. 같이 놀면서 묻고 대답하는 과정을 통하여 아이들의 사고의 폭을 넓혀야 한다. 아이들의 지능은 우리가 생각하는 것보다 아주 이른 시기에 발달하기 시작한다. 부모가 관심을 갖고 함께해야 한다.

초·중학교 시기 지능 발달 과정

7~11세의 학령기에 접어들면 인지적 사고의 발달이 이루어진다. 이 시기가 되면 아이는 수리와 언어 능력을 통하여 사물을 인지하고 판단한다. 물건의 겉모양을 보고 판단하는 단계를 벗어난 것이다. 그런데 초등학생은 실제로 존재하거나 존재하였던 물체에 대해서만 추론할 수 있다. 따라서 초등학생 단계에서는 사고의 폭이 좁다.

그러나 12세 이상의 중학생이 되면 현실적으로 근거 없는 가설적 과정과 사건에 대하여 논리적으로 추론할 수 있다. 실제적인 것에만 매여서 사고하지 않으며 가설과 연역적 추론 방법으로 사고가 가능하다.

러시아의 심리학자 레프 비고츠키는 이러한 지적 능력의 발달을 아이 개인에게만 맡겨서는 안 된다고 주장한다. 비고츠키는 지능의 발달은 사회적·문화적 환경의 영향을 받는다고 본다. 아이의 지능 발달은 부모, 교사, 기타 협력자와의 상호작용의 결과라고 본다. 비고츠키는 인간은 주의력, 감각, 기억이라는 기본적인 정신력을 갖고 태어난다고 하였다. 이러한 기능은 아이의 문화적 환경에 의하여 발달한다. 문화적 환경이란 지적 도구를 의미하는 것이다. 예컨대 원시 문맹 사회의 아이들은 매듭을 묶음으로써 사물을 기억하는데, 문자화된 사회의 아이는 필기로 사물을 기억한다. 이러한 문화적 도구는 아이의 사고력을 강화시킨다. 최근에는 인터넷이 문화적 도구가 되었다.

비고츠키는 새로운 것을 탐색하고 발견하는 것은 아이의 힘으로만 이루어지는 것이 아니라 능숙한 교사와 교사의 가르침을 잘 받아들이는 제자 간의 협동적 대화의 결과라고 하였다. 협동적 대화는 아이의 주위에 적절히 지도할 수 있는 사람이 있어야 한다는 것을 의미한다. 그것은 부모가 될 수도 있고 교사가 될 수도 있고 유능한 강사가 될 수도 있다. 훌륭한 교사를 만나는 것은 축복이다. 나도 어려서는 부모와 이웃 어른의, 학령기에는 학교 교사와 친구의 도움을 받으며 성장하였다.

아이의 학습을 도와주는 협력자는 아이의 수준을 우선 파악해야 한다. 어떤 도움이 필요한지를 세심하게 평가해야 한다. 이미 아는 것을 가르친다든가 너무 어려워서 따라가기 어려운 문제를 가르치는 것은 위험하다. 평가는 아이와 긴밀한 사람이 더 잘할 수 있기 때문에, 많은 아이를 상대하는 교사보다는 부모가 유리하다.

피아제와 비코츠키 이론이 교육에 시사하는 바가 무엇인지를 생각해보자. 피아제의 발달 단계 이론에 따르면 학생은 독립적이고 발견 위주의 활동에 집중하는 반면, 비고츠키의 발달 이론에 따르면 교사와 아이가 협업하는 형식으로 아이의 진도에 맞추어 수업을 진행하는 게 좋다.

특히, 비고츠키는 언어가 인지 발달에 큰 영향을 미친다고 말한다. 그것은 부모나 교사의 언어가 아이의 지능 발달에 영향을 미친다는 것이다. 훌륭한 교사에게는 교과 내용을 전달하는 이상의 전달 방법이 요구된다. 교사의 전달 방식은 아이의 지적 정도에 맞아야 하고 사고력을 증진시키는 것이어야 한다. 내용을 정확하게 알고 그것을 논리적으로 설명하는 능력이 요구된다. 그것은 아이의 사고력 증진에도 영향을 미친다. 언어는 사고의 수단이고, 그것은 지적 능력을 높이는 수단이다. 독서와 토론, 그리고 논술이 학교 교육에서 가장 중요한 과정인 이유다.

학교 우등생이 사회 우등생은 아니다

지능 검사 점수가 높으면 학업 성적도 높고 사회성 등 다른 분야에서의 성공 가능성도 높은가? 우선 지능 지수와 학업 성적의 관계를 살펴보자. 지능이 높으면 학업 성적도 좋다. 지능 지수와 학업 성적은 50퍼센트 정도 연관이 있다. 대학의 입학 사정은 고등학교 성적과 대학수학능력시험 점수로 결정된다. 지능 지수와 학업 성적이 좋으면 대학에서도 공부를 잘할 수 있다고 생각하기 때문이다.

그러나 지능 지수와 학업 성적의 연관성이 높게 나타나는 것은 지능 검사의 내용과 학습 내용이 같기 때문이다. 지능 검사 내용이 언어·수리·공간 지각 능력, 기억력 등으로 구성되어 있고, 학교의 교육 과정도 그와 크게 다르지 않다. 일선 교사들도 집단 지능 검사는 대학 입학을 선별하는 대학수학능력시험의 내용과 다르지 않다고 본다.

그렇다면 학업 성적의 나머지 50퍼센트는 지능과 관계가 없다. 그 나머지 요인은 학생의 노력, 흥미, 학습 동기 등에 영향을 받는다. 초등학생이나 중학생 단계에서는 가정 환경의 영향이 크고, 고등학생 단계에서는 본인의 학습 태도나 노력으로 결정된다. 학교 환경이나 사회 환경도 영향을 미친다. 학교 환경은 교장의 지도력과 교사의 열성, 학생의 학습 태도가 중요하다.

그렇다면 지능 지수가 높으면 사회적으로 성공할 가능성이 높은가? 즉 지능 지수가 높은 아이는 좋은 직장을 얻게 되는가? 그 대답은 '그렇다'이다. 지능 지수가 높은 아이는 학업 성적이 좋고, 그 결과 좋은 직장을 얻게 되는 것이 일반적이다. 그러나 지능 검사 점수와 직업 수행 능력은 50퍼센트 정도 연관이 있다. 나머지 50퍼센트는 지능 검사 점수 이상의 것이 요구된다. 학교 우등생이 사회 우등생이 되는 것은 아니라는 말이다.

실제 업무를 추진하는 능력은 지능 이상의 것을 요구한다. 이는 '실용적인 지능'이라고 하며, 일상의 문제를 인지하고 해결하는 실천 능력이다. 예컨대 현대 그룹 창립자인 정주영 회장은 정규 교육을 받지 않았다. 그러나 실제 문제를 해결하는 능력은 아무도 따라갈 수가 없었다고 한다. 그것은 지능 검사로 측정할 수 없는 또 다른 능력이다. 지능에는 언어와 수리 능력 이외에 다른 능력도 포함된다는 것을 알 수 있다. 미국의 심리학자 로버트 스턴버그Robert Stenberg는 그것을 '실천적 지능'이라고 정의한다.

지능이 높은 아이들은 자신이 사회적으로 고립되고 우울하다고 느낀다. 심지어 외톨이가 되는 것을 피하려고 자신의 우수성을 감추고자 한다. 평범한 아이들의 시기나 질투가 두려워 '월반'이나 '우수반'에 속하기도 한다. 그러나 이러한 경우 자신보다 나이 많은 아이들과 섞이면서 늘 아이 대우를 받아 적응하지 못하는 경우도 있다. 능력이 있음에도 지도자의 위치에 서지 못하고 선배들의 지시를 받는 경우가 생길 수도 있다.

능력이 꽃피는 시기는 각기 다르다

많은 부모가 지능 검사 점수가 모든 것을 결정한다고 생각한다. 지능 검사 점수가 높으면 모든 것을 잘할 수 있다고 생각한다. 우선 학교 공부를 잘할 것이라고 믿는다. 국어, 영어, 수학, 과학, 사회 등 모든 과목을 잘할 수 있다고 믿는다. 뿐만이 아니라 사회생활도 잘할 수 있다고 생각한다. 좋은 직장에 취직하여 사람들에게 인정받을 것이라 여긴다.

그래서 부모들은 지능 검사 점수에 민감해지기도 한다. 이러한 부모들의 생각은 아이들에게도 전달되어 지능 검사 점수에 따라 자신을 과대평가하기도 하고 과소평가하기도 한다. 이때 과대평가한 경우는 노력을 게을리하여 자신의 능력을 제대로 발휘하지 못하고, 과소평가한 경우는 자신의 발전 가능성을 미리 포기하고 마는 결과를 가져올 수도 있다.

우리는 일상에서 지능에 대한 이러한 생각이 잘못되었음을 흔하게 경험할 수 있다. 그러니 부모들은 지능 검사 점수를 마주하며 다음의 세 가지를 기억하도록 하자. 첫 번째로 지능이 높아도 노력하지 않으면 좋은 성적을 얻지 못한다. 그것은 교육학자들의 연구 결과이기도 하다. 두 번째는 인간의 능력은 다양하다. 소위 '다중지능' 이론이다. 지적으로 우수한 사람이 있고, 손흥민같이 운동 능력이 뛰어난 사람이 있으며, 조성진이나 임윤찬같이 음악적 재능이 뛰어난 사람도 있다. 이는 지능 검사로는 측정할 수 없는 특별한 재능이다. 마지막으로 부모들이 기억할 것은 능력이 꽃을 피우는 시기는 사람마다 다르다는 것이다. 아이들의 성장 과정을 잘 살펴보며 기다려야 한다. 지능 검사 점수가 낮다고 일찍 실망해서는 안 된다. 늦게 피는 꽃도 있다는 것을 잊지 말아야 한다.

그렇다면 지능에 대한 우리의 생각이 잘못된 이유는 무엇인가? 지능 검사는 일반 아동과 특수 아동을 구분하기 위한 자료를 얻기 위해 만들어졌다. 지능 검사는 지능의 표준치를 구하는 것에 불과하다. 우리 아이의 경우와 맞지 않을 가능성은 얼마든지 있다.

학생들에게 시행하는 집단검사로 아이의 모든 능력을 측정할 수 있는가? 같은 반이지만 어떤 학생은 수학을 잘하고 어떤 학생은 언어 능력이 우수할 수 있다. 그러나 어떤 학생은 수학도 잘하고 언어 능력도 우수할 수 있다. 이는 지능이 높으면 모든 것을 잘할 수 있다는 '일반지능' 이론과 각자 재능을 갖고 있다는 '다중지능' 이론의 논쟁을 유발한다. 일반지능 이론가들은 공부를 잘하는 아이는 수학도 잘하고 국어도 잘하고 과학도 잘한다고 주장한다. 그러나 이것은 저학년 단계에서만 통용되는 논리다. 상급 학년으로 올라갈수록 개인별로 잘하는 과목이 달라진다.

지능 지수가 모든 것을 말하지는 않는다는 것을 잊지 말자. 유전의 영향이 반이고 환경의 영향이 반이라는 것이 학자들의 공통된 의견이다. 2세까지는 부모의 유전이 중요하지만, 4세 이후부터는 가정 환경이 중요하다. 예컨대 불우한 가정 환경에서 태어난 아이가 안정적인 양부모에게서 성장한 이후에 그 아이의 지능을 검사했더니, 친부모에게서 자랄 때보다 10~20점 이상 상승했다. 가정 환경이 지능 발달에 결정적 영향을 미친다는 사실을 짐작할 수 있다.

그렇다면 가정 환경의 어떤 요인이 지능 발달에 영향을 미치는가? 우선 아이들의 지능 발달에 악영향을 미치는 요인을 살펴보자. 주로 부모의 태도가 중요하다. 가장이 실직인 경우, 어머니가 교육 수준이 낮은 경우, 자녀 수가 많은 경우, 부부가 함께 살지 않는 경우, 가족이 스트레스를 많이 받는 경우, 어머니 건강이 나쁘거나 아이에게 긍정적인 태도를 보이지 않는 경우 등이다. 이렇듯 가정 환경이 좋지 않은 경우 1~3세 아이는 지능 검사 점수가 10~20점 정도 하락한다.

반대로 어떤 가정 환경이 아이의 지적 발달에 좋은가? 영유아기가 특히 중요하다. 이 기간에는 부모가 아이를 잘 돌보고, 연령에 적합한 놀이기구를 제공하며, 지적 자극을 주는 다양한 기회를 만들어야 한다. 학령전기에는 부모의 온정과 부모의 언어 사용이 가장 중요하다. 태내에서도 아기는 엄마의 목소리를 듣고 기억한다. 조수미는 태내에서 어머니의 '아리아'를 듣고 태어나자마자 '아리아'를 불렀다고 한다.

부모들은 아이의 성장 단계에 따라 적절한 자극을 주고 같이 대화해야 한다. 아이가 묻는 말에 적극적으로 대응하고 아이들이 스스로 문제를 해결하도록 도와야 한다. 그리고 학교에 들어가면 학업에 열중하도록 가정 환경을 조성해야 한다.

3장

영유아기 : 언어 발달의 시작

첫 아이가 막 걷기 시작할 무렵, 집 안은 엉망이 되었다. 서랍을 열어 물건을 꺼내고, 손에 잡히는 건 모두 만지작거렸다. 처음에는 집 안을 치우느라 정신이 없었지만, 곧 이런 생각이 들었다. '아이는 손끝으로, 눈빛으로, 온몸으로 세상을 배우고 있는 거구나.' 장난이라고 생각했던 행동이, 무언가 알고 싶고 느끼고 싶은 움직임으로 느껴졌다. 성장이라는 긴 여정의 시작이었던 것이다.

영유아기의 뇌는 믿을 수 없을 만큼 빠르게 성장하고, 감각과 운동, 언어와 정서가 맞물려 발달한다. 이 장에서는 이러한 발달의 흐름에 따라, 아이의 뇌는 어떻게 자라고, 언어와 정서 발달의 조건은 무엇인지 이야기하려고 한다. 영유아기 부모는 무엇을 가르치기보다 함께하는 것이 중요하다. 아이의 눈높이에 맞춰 세상을 바라보며 함께 호흡하는 동안 아이는 놀랍도록 빠르게 성장한다.

아이의 뇌 발달을 위해 부모가 해야 할 일

　출생 시의 뇌는 성인 뇌 발달 정도의 4분의 1에 불과하지만, 출생 후 2년 동안 4분의 3이 될 정도로 급속히 성장한다. 그 결과 생후 2~3년 동안 아이는 뇌를 통하여 정보를 입수하고 정보를 처리하는 과정을 익힌다. 따라서 이 시기에 뇌에 어떤 자극을 주어 뇌 발달을 촉진시킬지가 대단히 중요하다. 부모는 이미 아이의 인지 발달이 시작되었다는 것에 유의해야 한다. 학교에 입학해야 인지 발달이 시작된다고 생각하면 안 된다.

　생후 2년 동안의 뇌 발달 단계를 보면 우선 감각 운동 영역이 가장 활발하게 움직인다. 그다음에 공간 지각과 언어 능력을 담당하는 뇌 영역이 발달한다. 따라서 만 2~4세경이 되면 감각과 사고 영역을 담당하는 뇌 부위가 동시에 발달한다. 그러므로 이 시기에 는 뇌 발달에 도움이 되는 교육이 중요하다.

감각 운동 영역이 발달할 때는 물건의 모양이나 색, 소리를 감지하는 시각, 청각, 촉각 등의 감각 경험을 많이 하게 해주는 것이 중요하다. 언어 영역이 발달하는 시기에는 부모가 이야기를 많이 해주고, 아이의 이야기를 잘 들어주는 것이 필요하다. 0~1세에는 말은 못 하지만 웃거나 끄르륵 소리를 내는 등 그들만의 방식으로 표현한다. 이때 부모는 잘 듣고 따뜻한 반응을 보여야 한다.

무엇보다 0~1세에는 스트레스를 받지 않아야 한다. 이때 스트레스를 받으면 인지 및 사회성 발달에 결정적인 장애가 생긴다. 아이가 울거나 칭얼거리면 부모가 즉시 반응해야 곧 울음을 그친다. 만약 부모가 늦게 대응하거나 관심을 보이지 않으면 아이는 자주 울거나 투정을 부리게 된다. 그리고 불평이 많은 사람으로 성장하게 될 가능성이 높다.

1~3세에 부모와의 애착 관계가 형성되면 아이의 뇌 발달에 긍정적인 영향을 미치고 정서적인 안정감도 생긴다. 부모의 따뜻한 사랑을 받고 자란 아이는 언어 능력이나 정서적인 안정감을 일찍 형성하게 된다. 그것은 곧 학교에 진학해서 공부도 잘하고

친구들과도 잘 어울리는 아이를 만드는 계기가 된다. 어머니의 사랑은 영유아기에 생명수와 같은 것이지만, 어머니의 자리가 비어 있더라도 아버지나 조부모가 그 역할을 상당 부분 대신할 수 있다.

영유아기의 영양 상태도 뇌 발달의 중요한 요소다. 아침에는 탄수화물이나 비타민, 미네랄 등이 지능 발달에 좋은 영향을 미친다. 오메가3, 유제품, 채소도 뇌 발달의 중요한 요소다. 충분한 수분 섭취 또한 필수 요소다. 충분한 수면도 영유아기 성장 발달에 꼭 필요하며 특히 뇌 발달에 중요한 영향을 미친다. 대뇌 언어영역은 잠자는 동안 회복되기 때문이다. 수면은 영유아기 아이가 깨어 있는 동안 얻은 정보를 뇌에 저장하게 한다. 밤에 수면을 충분히 취하도록 하고 낮잠을 재우는 것도 좋은 방법이다.

영유아기 아이의 부모는 뇌 발달을 위해 구체적으로 어떤 도움을 주어야 하는가? 첫째, 아이의 행동을 관찰하고 칭찬해야 한다. 둘째, 영유아기에 가장 필요한 것은 자신이 사랑받고 있음을 느끼고 안정감을 얻는 것이다. 따라서 아이를 자주 안아주고 웃는 얼굴로 부드럽게 대해주어야 한다. 셋째, 주변에 있는 물건을 직접 만져보게 한다. 이는 영유아기 아이가 능동적으로 활동하는 기회가 된다. 넷째, 다양한 소리나 음악을 듣게 한다. 아이와 같이 춤을 추거나 노래를 부르는 것도 좋은 방법이다. 그것은 뇌의 우반구를 자극하는 효과가 있다. 유명한 첼로 연주자인 요요마는 아이가 태어난 이후로 집 안에 음악을 늘 틀어놓았다고 한다. 다섯째, 장난감을 바꾸어주거나 놀이를 다양하게 하여 아이의 뇌 발달을 도와준다. 아이들은 반복하는 것을 싫어하기 때문이다.

영유아기는 학교에 입학하기 전이기 때문에 부모가 아이의 성장을 각별히 책임져야 한다. 아이를 사랑하고 아이의 일거수일투족에 관심을 기울이고 반응해야 한다. 지금과 같이 핵가족이 일반화된 사회에서는 쉽지 않은 일이다. 해답은 휴가 제도를 활용하여 업무 시간을 줄이고 육아 시간을 늘리거나, 조부모를 포함한 친척이 부근에 살면서 도와주는 것이다. 이러한 방식은 아이의 성장에도 긍정적인 영향을 미친다. 이기적인 행동이 줄어들고 협동하는 것을 배운다. 소위 '수정된 핵가족 제도'가 대안이 될 수 있다.

인지 발달의 기초가 되는
감각 운동 능력

피아제는 아동의 인지 발달을 4단계로 구분하였다. 출생에서 2세까지를 '감각 운동기', 2세부터 7세까지를 '전조작기', 7세에서 11세까지를 '구체적 조작기', 그리고 11세 이후를 '형식적 조작기'라 하였다. 감각 운동기는 영유아기 아이가 감각과 운동을 통하여 주변 환경을 이해하는 시기다.

뇌와 신체의 기능이 정상적으로 발달하면서 신생아는 눈으로 보고, 귀로 듣고, 혀로 맛을 느끼는 기본 감각 동작이 발달한다. 시각, 청각, 촉각, 미각 등을 통해 들어온 감각 정보는 뇌로 전달되고, 다음에는 그것이 무엇인지를 알려고 한다. 지금 자기가 보고 있는 것이 무엇인지, 들려오는 소리는 무엇인지, 맛본 음식이 무엇인지를 알려고 하는 것이다.

영아기 아이는 엄마를 자신의 배고픔을 채워주는 존재로 인식한다. 아이는 배가 고프면 운다. 그러면 엄마가 달려와서 젖을 먹여주고 달래준다. 이 과정을 통해서 아이는 '배가 고파서 울면 엄마가 젖을 먹여준다'는 것을 확인한다. 그것은 영아기 아이의 첫 단계 학습 과정이다. 이처럼 보고, 듣고, 느끼는 과정을 통하여 사물을 인식하고, 그것을 활용하는 것이 인간이 살아가는 과정이다. 인간은 평생 이러한 학습을 계속한다.

사물을 보면서도 그것이 무엇인지 모르고, 들으면서도 그 소리가 무엇인지를 모르고, 맛을 보면서도 그것이 무엇인지를 모르고, 그것을 이용하여 자신에게 필요한 것을 찾아가는 능력이 없다면 인간은 살아갈 수 없다. 시각, 청각, 촉각 등이 발달하여 사물을 인지하고, 그것을 활용하는 방법을 아는 것이 초기 인지 능력이다.

그렇다면 이러한 감각과 지각 능력은 어떻게 발달시킬 수 있는가? 연습과 훈련을 통하여 발달시킬 수 있다고 보는 학자도 있고, 타고난 능력이라고 보는 학자도 있다. 유아기 아이의 지적 능력은 감각과 운동을 통하여 발달한다. 물론, 아동의 감각 기능은 개인적으로 차이가 있다. 예컨대, 모차르트 같은 음악가는 4세에 이미 음악적 감각이 상당한 수준이었다고 한다. 그렇지만, 모차르트도 아버지가 시킨 훈련을 통하여 대성하였다. 부모는 아이의 특성을 잘 관찰하는 것이 우선이다. 그 특성을 잘 살핀 다음에는 적절한 훈련이 필요하다는 것을 잊지 말아야 한다. 아이의 재능은 우리가 생각하는 것보다 훨씬 일찍 나타나기도 한다.

우리는 학교에 입학한 후부터 학습이 시작된다고 생각한다. 그러나 학습은 출생과 함께 시작된다. 소리를 듣고 물건을 만지고 느끼는 감각과 지각 능력은 인지 발달과 연계되어 있다. 소리를 잘 듣고 말을 잘하는 아이는 읽기와 쓰기도 잘하게 된다. 유아기의 음성 언어는 초등학교에서 문자 언어로 이어지기 때문이다. 물건을 만져보고 그 형태를 인식하는 것은 과학적 사고의 시작이다. 영유아기는 인간의 지적·사회적 감성이 모두 터를 잡는 시기이다.

시각은 다른 감각 능력보다 늦게 발달한다. 태어난 지 얼마 되지 않은 아이는 얼굴 모양을 좋아한다. 생후 1~2개월이 되면 얼굴 모양을 좋아하는 반응은 사라진다. 2~3개월이 되면 색을 구별할 수 있다. 4개월이 되면 색의 농도를 구분할 수 있지만 원거리 물체를 잘 보지 못한다. 그러나 12개월이 되면 성인의 시력과 같아진다.

시각 능력은 타고난다. 그러나 초기에 시각 경험을 자극하는 기회가 많이 주어지면 시각 신경계를 자극하고 뇌의 시각 중추 발달에 도움이 되기 때문에 아주 중요하다. 영아기 아이가 시각 탐색을 계속하게 되면 시각 지식을 획득하고 시각 기능을 더욱 정교하게 만든다. 작은 물건의 차이도 구별한다. '딸랑이'나 얼굴 표정 같은 구체적인 형태의 의미도 파악하게 된다. 그렇기 때문에 다양한 모양의 장난감을 가지고 놀도록 하고 자주 안아주는 것이 중요하다.

아이가 물건의 형태를 인식하게 되는 것은 선천적 능력과 시각적 경험의 상호작용이다. 형체의 크기나 깊이를 알게 되는 것도 선천적 능력이나 경험을 통한 훈련의 결과이다. 생후 첫해에는 아이가 호기심을 갖고 물체에 손을 내밀고 물체를 조작하고 탐색하면서 이리저리 돌아다닌다. 그 과정을 통해 물체의 두께나 거리에 대한 발견을 계속하는 시기이다. 이때 물건을 어지럽힌다고 귀찮아하기보다는 물건을 가지고 같이 놀아주는 것이 좋다.

영유아기 아이의 청각은 아주 예민하다. 영유아기에는 출생 6주 전 태내에 있을 때 어머니가 읽어주던 소설 구절도 기억한다고 한다. 아이가 어머니의 목소리를 기억하고 반응하면 어머니도 아이에 대해 반응한다. 아이와 대화하려 하고 애착이 깊어진다. 아이에게 좋은 음악을 들려주는 것도 아이의 감각을 키우는 방법이다. 좋은 소리는 아이들의 마음을 평안하게 해준다. 음악의 계율은 수리 영역과 연계되어 있다고 한다. 아인슈타인이나 하이젠베르크도 음악을 좋아했고 그로부터 지적인 자극을 받았다.

미각과 후각도 선천적인 기능이다. 영아기 아이는 단맛을 좋아한다. 아이는 맛에 대한 예민한 감각으로 자신의 선호도를 보여준다. 쓴맛을 느끼면 얼굴을 찡그리는 식으로 분명한 선호를 보인다. 영아기에는 냄새에 대해서도 민감한 반응을 보인다. 미각과 후각은 훈련의 결과이기도 하다. 이러한 감각 기능은 지능 발달과 관계가 있다.

영아기에는 특히 촉각에 예민한 반응을 보인다. 부드럽게 쓰다듬거나 마사지를 해주면 주의 집중을 잘 못하는 영아기 아이가 각성되고 흥분 상태에 있는 아이가 안정된다. 이러한 접촉은 영아기 아이가 주변 사람과 친밀해지는 계기를 마련한다. 생후 1년이 되면 아이는 물체를 만져보는 접촉 과정을 통해 사물을 인지하고 지적 발달을 도모하는 계기를 마련한다. 통증이나 온도 변화에 대해서도 예민하게 반응한다. 영아기 아이가 통증에 무감각하다는 생각은 잘못된 것이다. 병원의 의사나 간호사가 아이의 고통을 무심하게 여기는 것은 심각한 문제다. 부모가 영아기 아이를 더욱 유심히 살펴야 하는 이유이다.

생후 1년이 되면 시각, 청각, 촉각이 모두 발달하여 주변에서 일어나는 일에 주의를 집중하고, 그 의미를 이해한다. 이러한 지각의 발달은 정보처리 능력 향상을 반영하며 인지 발달의 기초가 된다. 인지 능력 발달이 감각 능력으로부터 시작된다는 것은 중요한 의미가 있다.

미국의 교육학자 엘리엇 아이스너Elliot Eisner는 사람이 무엇을 인지하는 출발 과정이 감각적인 정보로부터 시작된다고 주장한다. 보고 듣고 만지는 감각 활동을 통해서 무엇인가를 느끼고, 그 다음에 그것이 무엇인지를 구체적으로 생각한다는 것이다. 즉 이성보다 감각이 우선한다는 것을 강조한다. 따라서 음악이나 미술 등의 예술 과목의 중요성을 무시해서는 안 된다. 그러나 현재 학교 교육 과정에는 음악이나 미술 등의 예술 과목이 필수가 아닌 선택이 되어 있다.

영국의 과학자 스티븐 호킹도 "과학은 상상의 이미지를 구체화하는 것이다"라고 하였다. 과학이 무엇인지 잘 알지 못하더라도, 문득 떠오른 아이디어나 형상을 수학이나 실험으로 확인하는 과정에서 과학은 실현된다. 상상을 통한 이미지 획득이 우선이라는 것이다. 아인슈타인도 빛을 보고 상상을 좇다 상대성 원리를 발견하였다. 상상력이 얼마나 중요한 것인가를 증명하는 사례다. 그 상상력은 영아기의 교육에 달려 있다. 좋은 음악을 들려주고 많은 놀이를 통하여 감각과 운동이 발달해야 한다. 영유아기는 일생의 학습 능력을 결정짓는 매우 중요한 기간이다.

아이는 어떻게 말을 하게 되는가

언어는 인간의 지능을 발달시키는 중요한 수단이다. 또한 지능 발달은 언어 발달에 영향을 미친다. 지능 발달과 언어 발달은 긴밀하게 연관되어 있다. 언어는 음성 언어와 문자 언어로 구분할 수 있다. 듣기와 말하기는 음성 언어이고, 읽기와 쓰기는 문자 언어다. 영유아기는 음성 언어가 발달하는 시기다.

언어 발달은 듣기부터 시작된다. 갓 태어난 아이는 말은 못 하지만 듣기는 한다. 아이들은 주변 사람의 말을 들으면서 발음을 익힌다. 어머니가 말을 하면 아이는 웃거나 움직이면서 반응한다. 주변에서 소리가 나면 그것이 어머니의 목소린지 아닌지를 구별한다. 그리고 소리의 억양을 듣고 상황을 파악한다. 가족과의 접촉이 많은 아이가 말도 잘하게 되고 읽기와 쓰기도 잘하게 되는 이유다.

우선 말을 듣고 말의 구조를 익히면 말을 하기 시작한다. 듣고 말하기가 끝나면 글자를 익힌다. 글을 읽고 의미를 이해하고 글로 표현하게 된다. 읽기·쓰기 실력도 듣고 말하기에서부터 시작된다는 것을 잊지 말아야 한다. 따라서 부모는 아이가 어려서부터 대화하는 시간을 많이 가져야 한다.

하버드대학의 한 연구에 의하면 부모가 책을 읽어주는 것이 아이의 언어 발달에 가장 좋다고 한다. 가능하다면 아이가 잠들기 전에 부모가 책을 읽어주는 습관을 들이는 것이 좋다. 음성 언어와 문자 언어는 서로 연계되어 있고, 독립된 것이 아니다. 듣기를 잘하면 말하기도 잘하고, 듣고 말하는 것이 익숙해지면 글을 읽고 쓰는 것도 잘할 수 있다. 읽고 쓰기를 잘하면 학업 성적도 좋아진다. 학교 성적은 언어 능력에 달려 있음을 기억하자.

사람은 태어나면서부터 소리를 내면서 의사 표현을 한다. 어떤 연구 결과를 보면 태어난 지 수초 이내에 언어 기능이 생겨난다고 한다. 언어학자 노엄 촘스키Noam Chomsky도 언어는 생득적인 기능이라고 한다. 인간은 말을 할 수 있는 언어 기제를 가지고 태어난다는 것이다. 교육을 통해 배우는 것보다 생래적인 특징을 더욱 강조하는 주장이다.

반대로 심리학자 스키너B. F. Skinner는 언어는 배워서 습득되는 것이라고 본다. 아이는 부모나 주변 사람이 말하는 것을 듣고 보면서 언어가 발달한다는 것이다. 우리는 아이가 처음 말을 하면 신기해한다. 잘한다고 칭찬하고 다시 한번 해보라고 부추긴다. 그러면 아이는 말하는 데 자신감을 갖는다. 어른이 하는 말을 모방하거나 어른의 칭찬을 들으면서 말이 늘게 된다.

인간의 언어 기능을 담당하는 뇌의 부위는 좌반구다. 인간의 언어가 발달하는 가장 중요한 시기는 출생부터 사춘기까지라고 한다. 이 시기에는 뇌의 좌반구가 언어 발달에 가장 민감하게 반응한다.

이 기간에 언어 발달을 위한 환경이 갖추어지지 않은 상태에 있는 아이는 나중에 언어 능력을 계발하기 어려워한다. 언어 발달이 중요한 시기에 언어를 사용할 기회가 없다면 나중에 언어 기능을 회복하기 어려울 수 있다. 한 청각장애 아이가 오랫동안 혼자 지내다가 32세에 언어 치료를 시작했지만 결국은 정상적인 언어를 사용할 수 없었다는 연구 결과도 있다. 언어를 배우는 시기는 빠를수록 좋다. 영유아기에 언어 교육을 소홀히 하지 말아야 한다.

그렇다면 영유아기 아이가 언어를 잘하도록 하기 위해서는 어떤 환경을 만들어주는 것이 좋은가? 영아기 아이가 옹알이를 할 때 부모는 아이와 정상적인 언어로 이야기해야 한다. 영아기 아이의 옹알이는 아이가 말을 하기 시작했음을 의미한다. 이때야말로 부모의 각별한 노력이 필요하다.

세 가족의 언어 사용 방법과 아이의 학업 성적 결과를 비교한 연구 결과가 있다. 한 가족은 시장에서 사용하는 일상 언어를 사용했고, 다른 한 가족은 문법에 맞는 말을 사용했으며, 다른 한 가족은 아이에게 책을 많이 읽어주었다. 그 결과 책을 많이 읽어준 가족의 아이가 성적이 가장 좋았다. 부모가 사용하는 언어가 아이의 언어 발달에 영향을 미친다는 의미이다.

아이가 좋아하고 자주 쓰는 표현을 부모도 사용하는 것이 아이의 언어 발달에 도움이 된다. 음성을 높게 하고 말은 천천히 하며, 말을 자주 반복하고 중요한 단어는 강조한다. 이렇게 하면서 차츰 아이와의 대화 내용을 넓혀가는 것이 아이의 언어 발달능력을 자극한다. 부모의 말은 아이의 말보다 자연히 길고 복잡하다. 이런 과정을 반복하는 동안에 아이의 언어도 더욱 발전하게 된다. 부모가 말의 내용이나 주제를 더욱 심화시키면, 아이는 어른의 말이나 내용도 자연스럽게 배우게 된다.

아이들의 언어 발달을 촉진시키는 가장 중요한 방법은 자주 대화하는 것이다. 단순히 일방적으로 말을 들려주는 것만으로는 언어가 발달하지 않는다. 예컨대 네덜란드 아이들에게 독일 텔레비전을 보게 내버려두고 아무 도움도 주지 않았더니, 독일어를 전혀 습득하지 못했다고 한다. 부모와 상호작용을 통해 말을 배우지 않으면 어렵다는 것이다. 정확한 말을 접하게 하고 잘못된 것은 고쳐주어야 하며 자주 대화해야 한다. 비고츠키 또한 어른과의 대화가 아이의 언어 능력과 인지 능력을 발달시킨다고 주장한다.

듣기는 언어 발달의 시작 단계다

　듣는 능력은 아이가 태내에 있을 때부터 발달한다. 아이가 뱃속에서 6개월 이상이 되면 부모의 목소리를 기억한다고 한다. 다음으로 시각이 발달하면서 아이는 거리나 깊이, 모양이나 색을 구별한다. 더불어 촉감도 발달하면서 사물을 구별하게 되고 인지 능력이 발달한다.

　말하기 이전 단계 아이의 듣기 능력은 어떻게 발달하는가? 생후 3일이 지나면 말은 못 하지만 사람의 목소리를 듣는다. 사람의 목소리인지 아닌지를 구분할 수도 있다.

　2개월이면 꺄르륵 소리를 낸다. 2~6개월이 되면 부모의 억양에 맞추어 발성한다. 부모는 아이 기분이 좋지 않은 것 같으면 억양을 낮추고, 아이의 주의를 끌어야 할 때는 억양을 높이는데, 이 때 아이는 부모 억양의 높낮이도 구분하고 그 의미도 파악한다. 4~6개월이 되면 옹알이를 한다. 옹알이가 진행되면서 아이는 말소리에 의미가 있다는 것을 이해한다. 옹알이는 말을 하기 전에 발성 연습을 하는 것이고, 곧 말할 준비가 되었음을 보여주는 것이다. 6개월 이후가 되면 말소리를 구절과 단어로 구분한다.

　7~8개월이 되면 부모가 말을 하면 조용해지고, 부모가 말을 멈추면 발성으로 대답한다. 8~10개월이 되면 몸짓이나 표정으로 자신의 의사를 표현한다. 물건을 가리키거나 만져서 부모의 주의를 끄는 방법이다. 자신이 원하는 물건을 가리키거나 부모의 바지 등을 끌어당겨서 자신이 원하는 것을 표시한다. 9개월이 되면 음소를 구분한다. 10~13개월 때는 아이가 의미 있는 단어를 사용하지 않는다. 그러나 이 기간 때에도 아이에게 말을 걸면 눈을 뜨고 쳐다본다.

　부모는 이러한 아이의 언어 발달 과정에 깊은 관심을 갖고 거듭 소통을 시도해야 한다. 아이의 언어 발달이 막 시작하는 단계이기 때문이다.

이 단계는 대단히 중요하다. 예컨대 우리가 영어를 배울 때는 영어의 음을 구분하지 못하는 점이 가장 어렵다. 말을 알아듣지 못하니까 말을 할 수도 없다. 나도 유학하는 동안 영어 문장은 쉽게 읽고 이해하였지만, 상대방이 하는 말의 음소나 음절을 구분하지 못하여 어려움을 겪었다. 어려서부터 영어를 배운 사람은 쉽게 영어 음의 구조에 익숙해진다. 3~4세 이전에 외국어를 배우면 듣기나 말하기가 쉽다. 이 기간에는 뇌의 좌반구인 언어 기능이 가장 잘 발달하기 때문이다.

미국에서 오래 산 선배에게 영어가 잘 안 된다고 했더니, "우선 잘 들어라"라고 하였다. 아이들이 말을 잘하려면 우선 듣기 연습을 해야 한다. 영아기 아이도 우리말을 처음 배우는 외국인과 같다고 보아야 한다. 말을 들을 기회가 자주 있어야 한다.

음악을 들을 때도 마찬가지다. 듣기를 잘해야 음악 감상도 잘할 수 있다. 나는 잘 모르는 채로 음악을 들었다. 음의 리듬이나 강약을 구분하지 못하고, 흘러 나오는 대로 듣는 것에 만족하였다. 그런데 최근에는 음악 '소리'를 들을 수 있게 되었다. 베토벤의 첼로 협주곡을 들으면서 피아노와 첼로의 소리가 구별되고 그것이 조화를 이루는 것을 알 수 있게 되었다. 음악을 제대로 감상할 수 있게 된 것이다.

말을 듣는 것도 마찬가지다. 상대의 말을 듣고 기분이 좋을 수도 있고, 그렇지 못할 수도 있다. 억양이나 문법, 언어 체계와 대화 방법 등이 좋아야 상대방의 기분도 좋아질 것이다. "말 한마디에 천냥 빚도 갚는다"라는 속담처럼 말이다. 그리고 대화를 통하여 상대방의 감성이나 품성을 느끼면 상대에 대한 신뢰도 깊어질 것이다. 그렇기 때문에 사회생활에서 가장 중요한 것은 언어 소통 능력이다. 좋은 말을 들으면 좋은 음악을 듣는 것 이상으로 기분이 좋아진다. "언어는 바로 그 사람이다."

말하기 능력에서
읽고 쓰는 능력으로

듣기를 습득하면 말하기가 시작된다. 아이는 한 단어로 의사를 표현한다. 그러나 이 단어는 아주 가까운 부모가 아니면 알아들을 수 없다. 한 번에 한 단어씩 말하기 때문에 시간이 걸린다. 10개의 단어를 말하는 데 3~4개월이 걸린다. 차츰 단어 습득 시간이 빨라지면서 18~20개월쯤 됐을 때는 한 주에 10~20개의 새로운 단어를 습득한다. 2세가 되면 약 200개의 단어를 구사한다.

이 아이가 사용하는 말 대부분은 친한 사람의 호칭이거나 자기들이 가지고 노는 물건의 이름이다. 걸음마 시기에는 몇 번 들은 말을 기억하여 그것을 관심 있는 물건을 가리킬 때 사용한다. 18~20개월이 되면 아이는 다른 사람이 말하는 것을 듣고 단어를 습득하고, 20~30개월이 되면 사람의 이야기를 듣고 무슨 뜻인지 파악하며 단어를 익힌다. 20~24개월이 되면 단어가 문장에서 어떻게 사용되는지 이해하기도 한다.

아이는 새로운 단어를 빨리 익힌다. 또래와 놀고 이야기하면서 새로운 말의 의미를 이해하게 된다. 2세에 거의 200개 단어를 이해하게 된다는 것은 말을 할 수 있는 기본적인 능력이 확보되었다는 것을 의미한다. 또한 새로운 단어가 명사인지 동사인지를 구별할 수 있고 문장의 구조를 익히게 된다.

한 단어로 의사를 표현하는 단계에서 한 문장으로 의사 표현하는 단계로 발전한다. 18~24개월이 되면 단어를 합쳐 문장을 만든다. '아빠, 간다', '엄마, 온다'와 같이 표현한다. 이러한 문장을 '전보어電報語'라고 하는데, 전보 칠 때 사용하는 문장과 같다는 의미다. 이 경우는 전치사나 관사를 생략하고 명사와 동사만 사용하여 문장을 만든다. 아이들이 사용할 수 있는 단어가 아직 충분하지 않기 때문이다.

아이들은 자신이 사용하는 문장이 불완전하다고 생각하여 몸짓이나 억양으로 의미를 보충하려고 한다. 이때는 주변 상황에 매우 민감하다. 2~2.5세에는 가까이 있지 않은 상대와 대화할 때

가까이 다가가거나 목소리를 높여야 한다는 것을 안다. 대화의 상대를 의식하게 된 것이다. 그들은 대화 상대가 자신이 말하려는 것을 이해하는지도 고려한다. 어른이 자신이 말하는 의도를 알아채지 못하는 경우는 자기 말을 교정하기도 한다. 놀라운 발전이다.

2.5~5세가 되면 길고 복잡한 문장을 만든다. 듣고, 한 단어로 말하고, 한 문장으로 말하다가 완전한 문장으로 의사를 표현하는 단계에 이른다. 이때 문법 체계를 익히고 다양한 문장 구성을 이해한다. 관사나 형용사를 사용하고 부정문이나 의문문 등의 다양한 문장을 이용한다.

아이는 문법에 맞는 수식어를 사용하여 문장을 정교하게 만든다. 복수형, 과거형, 미래형 등의 문장을 만들고, 의문문, 부정문, 복문을 만든다. 언어를 의사 표현을 위한 수단으로 이용하게 된 것이다. 이것은 아이가 아는 내용이 더욱 많아지고 복잡해졌다는 것을 의미하기도 한다. 언어로 생각을 더욱 발전시킬 수 있게 된 것이다. 이제 학교에 가서 책을 읽고 글을 쓸 수 있는 단계로 진입해야 한다.

외국어 교육은
언제 시작해야 좋은가

언어 기능은 출생과 동시에 시작된다. 언어를 담당하는 언어 습득 기제는 인간의 생득적 기관 중 하나다. 숨쉬기를 담당하는 허파, 피를 실어 나르는 심장 등과 같이 태어날 때부터 가지고 있는 기제인 것이다. 그러나 언어 기능을 발달시키는 것은 훈련을 통해서 이루어진다.

뇌에서 언어가 발달하는 기간을 '민감기'라고 한다. 태어나서 사춘기 때까지 언어가 발달하지만 가장 왕성하게 발달하는 기간은 그리 길지 않으며, 0~3세가 가장 민감한 시기라고 한다.

민감기에 외국어 학습의 기회를 만나면 외국어를 잘할 수 있다. 그러나 이 기회를 놓치면 원어민과 같은 수준의 외국어 학습이 어려울 수 있다. 3~7세에 미국에 이민 온 한국과 중국 아이들은 원어민과 같이 능숙하게 영어를 사용하였다. 그러나 15세 이후에 이민 온 아이들은 영어가 능숙하지 않았다. 적어도 초등학교 1~2학년 때에는 외국어를 접할 기회가 있어야 한다는 것이다.

내가 미국에서 공부하는 동안 큰아이도 미국 유치원에 다녔다. 한국에서 영어를 접할 기회가 없었기 때문에 말을 할 줄 몰라서 미국 아이들에게 놀림을 당했다. 유치원에서 돌아오는 차 안에서 나에게 짜증을 부리기도 했다. 그러나 미국 유치원에서 2년 동안 배웠던 영어 발음이나 억양은 한국에 돌아와서도 사라지지 않았다.

지금 한국의 영어 교육은 문제가 있다. 최소한 초등학교 때부터는 영어 교육이 체계적으로 이루어져야 한다. 그러나 지금 초등학교 영어 교육 시간은 일주일에 2~3시간에 불과하다. 이러한 공부는 오히려 역효과를 낸다. 조금씩이라도 매일 공부해야 하며, 이는 고등학교 때까지 계속되어야 한다.

최근 유치원에서의 고액 영어 교육이 유행하고 있다. 나는 초등학교 때부터 영어 교육을 시작해도 늦지 않는다고 생각한다. 그것은 작은아이를 가르친 경험의 결과다. 초등학교 2학년 때부터 집중적으로 영어 공부를 시켰더니 국내에서는 물론이고 외국에서도 공부하는 데 문제가 없었다.

영어는 말만 잘한다고 되는 것이 아니다. 앞서 말했듯 언어는 인지 발달과 관계가 있다. 언어가 발달해야 인지 능력도 발달하지만, 인지 능력이 발달하지 않으면 언어 능력도 발달하지 않는다. 언어는 지적인 축적을 통해 발달한다. 작은아이가 미국에 가서 미국 아이들과 당당히 겨루게 된 것은 한국에서 많은 지적 축적이 이루어졌기 때문이다. 나의 경험으로 보건대 영유아기에는 모국어에 충실한 것이 좋다. 그다음에 외국어를 공부해도 늦지 않는다. 영유아기에 외국어 공부를 잘못하면 언어 혼동을 불러올 수 있기 때문이다.

나는 중학교 때부터 영어를 배웠다. 시골 학교이기 때문에 영어 선생님이 부족하였다. 혼자 공부한 셈이다. 교과서를 읽고 해석하고 단어를 외우는 것이 전부였다. 영어로 말하는 것을 들을 기회는 없었다. 고등학교에 입학해서야 영어 듣기 시간이 있었지만, 도움이 되지 않았다. 때를 놓친 것이다.

영어의 의미를 해석하고 이해하는 정도는 30세 이후에 이민 온 사람이나 17세 이전에 이민 온 사람이나 큰 차이가 없었다. 나를 포함한 유학생은 영어 듣기나 말하기는 서툴러도 공부하는 데는 문제가 없었다. 유학생의 인지 능력이나 지적 토대가 충분하고, 열심히 공부한 결과였다.

언어는 그 민족의 정서와 문화를 담고 있다. 모국어를 소홀히 해서는 안 되는 이유다. 모국어가 튼튼히 자리 잡은 후에 외국어를 가르쳐도 늦지 않는다. 외국어 교육은 너무 늦어도 안 되지만 너무 일러도 안 된다. 유아기에 모국어의 기초가 탄탄히 다져진 다음 초등학교 입학 뒤부터 외국어 교육을 하는 것이 가장 좋다. 그리고 초등학교 때는 매일 공부해야 한다. 기억력이 가장 왕성한 시기이기 때문이다. 쉬지 않고 꾸준히 공부해야 한다. 외국어는 쓰지 않으면 곧 잊는다.

4장

초등학교 :
생각하는 힘을
기르는 시기

아이가 어릴 때는 내가 주로 책을 읽어주었지만, 초등학교에 입학한 후에는 함께 책을 읽고 이야기하는 시간을 많이 가지려고 하였다. 이러한 과정은 아이가 중고등학교에 가서 공부를 하는 데 단단한 토대가 되었다. 초등학교 시기는 아이의 머리와 마음이 활짝 열리는 때이며, 이때 무엇을 보고 듣고 느끼느냐가 아이의 인생에 많은 영향을 미친다는 사실을 몸소 깨우칠 수 있었다.

이번 장에서는 아이가 초등학교 시기에 부모가 알아야 할 것과 주의해야 할 것을 이야기하고자 한다. 우선 초등학교 시기가 지능 발달과 학업 성취에 결정적인 이유를 살펴보고자 한다. 나아가 아이의 언어 능력, 특히 읽기와 쓰기의 힘이 왜 중요한지, 초등학생 시기의 아이에게 부모는 어떠한 역할을 해야 하는지 나의 경험에 비추어 이야기해볼 생각이다.

알고 싶은 것이 폭발하는
초등학교 시기

　초등학생 시기에는 공부에 대한 부담이 없다고 많은 부모가 생각한다. 그러나 학업 성적과 지능 발달의 70퍼센트 이상이 초등학교 때 결정된다. 그리고 대개 초등학교 때 성적이 중고등학교와 대학교 때까지 이어진다. 초등학교 때 공부를 잘하는 학생 대부분은 중고등학교와 대학교에 가서도 공부를 잘한다는 것이다.

　다만, 초등학생의 학업 성적과 지능 발달은 학교가 아니라 가정 환경의 영향이 더 크다는 것에 유의해야 한다. 최근 CEO 마크 저커버그가 미국에서 가장 성적이 낮은 뉴저지주의 한 학교에 1억 달러를 기부했다. 그 덕에 교사를 포함한 학교 환경은 좋아졌지만, 아이들의 성적은 오르지 않았다. 문제는 가정 환경이었다.

초등학교 때 학업 성적은 언어 능력에 의해서 결정된다. 따라서 영유아기에 책을 많이 읽어주는 부모에게서 자란 아이는 읽기와 쓰기 공부를 미리 하고 초등학교에 입학하는 셈이다. 아이의 공부는 학교 선생님이 알아서 하는 것이지 부모의 일은 아니라고 생각하는 것은 잘못이다.

부모는 아이에게 책을 소리 내어 읽어주어야 한다. 나는 낭독의 중요성을 알게 된 경험이 있다. 대학원생 때 한문 수업 시간이었다. 《사서오경四書五經》 중의 하나인 〈서경書經〉을 혼자 읽으려니 무슨 뜻인지 알 수 없었다. 그러다 교수님이 읽으시는 것을 들으니 그 의미를 금방 이해할 수 있었다. 내용을 잘 알고 읽는 것과 모르고 읽는 것의 차이가 무척 크다는 것을 알았다.

그 경험으로 부모가 책을 읽어주는 것이 얼마나 중요한지도 알게 되었다. 시 낭송이 왜 필요한지도 알 수 있었다. 시의 내용을 잘 아는 사람이 읽는 것을 들을 때는 깊은 감동이 온다. 음악을 들을 때도 마찬가지다. 악보는 같지만 노래하는 사람이나 연주하는 사람의 곡 이해 정도에 따라 청중에게 주는 감동은 천양지차다. 우리가 비싼 티켓값을 지불하고 음악회를 찾는 이유다.

초등학교 때는 알고 싶은 것도 많고, 흥미 있는 것도 많다. 특히 초등학생들은 과학에 흥미가 많다. 우리 아이도 변기에서 물 내려가는 소리가 재미있어서 변기 뚜껑을 열고 만지작거리다가 고장을 내 몇 번이나 변기를 바꾸었다. 라디오 소리가 어떻게 나는지 궁금하여 라디오 속을 뜯어보는 바람에 라디오도 몇 번씩 새로 사야 했다. 도면을 보고 프라모델을 조립하느라고 7시간 이상이 걸리는 바람에 조립이 끝나고 한동안 일어서지 못하기도 했다. 이러한 호기심은 과학 서적을 읽으면서 더욱 깊어졌다. 물리학자가 되겠다는 꿈도 꾸게 되었다.

부모가 읽어주는 책이 아이의 언어 능력에 어느 정도 바탕을 이루게 되면, 아이의 관심사에 따라 부모가 함께 행동하는 것도 아이에게는 좋은 경험이 된다. 초등학생이 재미있게 읽을 만한 책을 같이 읽거나 활동을 함께하며 이야기를 나눈다면, 아이 혼자 할 때보다 더 많은 것을 빠르게 배울 수 있다. 초등학생 아이와 함께 읽을 만한 책이나 활동으로는 무엇이 있는가?

유명한 과학자들의 전기를 읽어보면 그들은 어릴 때부터 자연에 대한 호기심이 많았다고 쓰여 있다. 뉴턴은 시간을 재기 위하여 해시계도 만들었고, 바람의 속도를 재기 위하여 풍차도 만들어보았다. 이렇게 자연 현상을 관찰하여 만유인력의 법칙을 완성하게 되었다. 물리학자 하이젠버그의 아버지는 주말이면 하이젠버그를 데리고 공원을 산책하며 자연의 이치를 알려주었다고 한다.

아이들은 위인전을 좋아한다. 훌륭한 사람이 되고 싶다는 꿈이 있기 때문이다. 나는 우리 아이들에게 역사를 중심으로 위인전을 읽게 했다. 특히 우리나라 위인들의 이야기를 역사적 배경과 함께 이야기해주면 아주 재미있어했다. 위인들이 어렸을 때 어떤 꿈을 꾸었고, 그들이 성장하면서 어떤 좋은 일을 했는지를 같이 이야기했다. 자신을 위인과 동일시하며 그들의 삶과 생각에 좀 더 가까이 다가가게 하고자 했다.

초등학생은 상상력도 풍부하다. 상상력은 더없이 중요한 아이들의 놀이터다. 초등학생이 흥미 있어 하는 자연의 대상은 하늘과 바다와 땅이다. 이들 세계가 어떻게 형성되었는지에 관한 호기심을 채워주는 대표적인 이야기가 바로 '그리스 신화'다. 그리스 신화가 보여주는 세상은 무궁무진하다. 초등학생들도 읽을 수 있도록 그리스 신화를 소개하는 책들이 시중에 많이 나와 있고, 이것들은 이 시기의 필독 도서라고 할 만하다. 이때 부모가 아이들과 함께 그리스 신화를 읽고 대화를 나누는 것이 좋다.

초등학생은 모험심도 강하다. 《먼나라 이웃나라》의 이야기가 초등학생의 베스트셀러가 된 때가 있다. 《80일간의 세계 일주》, 《15소년 표류기》, 《해저 2만 리》 등도 아이들이 흥미를 느낄 만한 책이다. 텔레비전이나 OTT로 생생한 장면을 보게 하는 것도 좋다. 우주와 생명, 인류의 역사를 영상으로 담은 다큐멘터리 〈코스모스〉도 좋은 자료다. 아이들의 꿈을 키워주고 상상의 세계로 날아가게 하는 것은 창조적인 인간을 만드는 힘이다. 아이들과 자연을 체험하는 여행을 하는 것도 모험심을 키우는 좋은 방법이다. 함께 산을 오르면 인내심과 협동심을 키우는 계기도 될 것이다.

초등학생 때 가장 많은 단어를 배운다

초등학교 과정에서 읽기와 쓰기의 중요성은 아무리 강조해도 지나치지 않다. 앞서 말했듯 읽기와 쓰기 실력이 부족하면 지능과 학습 능력도 떨어진다. 글을 잘 읽는다는 것은 교과 내용을 잘 이해한다는 것이고, 그것은 곧 학업 성적이 좋아질 수 있다는 것이다. 책을 많이 읽으며 축적된 지식은 중고등학교 때 성적에도 좋은 영향을 미칠 것이다. 그리고 대학교 때나 사회에서도 글을 쓰는 능력은 일의 성과를 높이는 지렛대다.

초등학교에 입학하면 우선 문법에 맞는 말이나 글을 써야 한다. 이 시기에는 쓸 줄 아는 어휘가 폭발적으로 증가한다. 아이들은 초등학교 때 가장 많은 단어를 배운다. 1학년 때 1만 개 단어를 이해하고 하루에 20개 단어를 배운다. 3~4학년 때가 되면 4만 개 단어를 습득하게 된다. 이때가 가장 왕성한 단어 학습 기간이다. 단어 확장에 가장 큰 도움이 되는 것은 책 읽기다.

아이들이 집에서 습관적으로 책을 읽는지 여부는 가정 분위기에 따라 달라진다. 특히 아버지의 역할이 중요하다. 독서하기 좋은 가정의 분위기를 아버지가 만들어주는 것이 필요하다. 대부분의 아버지는 직장에서 고된 일을 하다 집에 오면 쉬고 싶어 한다. 그렇다고 주말에 텔레비전을 독점하는 아버지가 되어서는 안 된다. 아이들과 같이 이야기하고 책방에 가서 책을 골라주고, 읽은 책으로 토론해보아야 한다. 아이들과 이야기하다 보면 우리 아이가 언제 이렇게 성장했는가를 알고 보람을 느끼게 된다. 아이들의 성장 속도는 부모가 따라갈 수 없을 정도다.

독서 능력은 언어 능력을 발달시키고, 언어 능력은 지적 능력을 발달시킨다. 중학교에 가면 많은 과목을 공부하게 된다. 그 내용도 다양하고 복잡해진다. 그것을 이해하고 판단하는 능력은 언어 능력에 달려 있다. 더욱이 고등학교 때는 중학교 때보다 학습 내용이 고도화된다.

독서 능력이 가장 많이 요구되는 시험은 대학수학능력시험이다. 지문이 길어지기 때문이다. 문항을 다 읽지 못해 답을 쓰지 못하는 학생이 많다. 이에 대한 원인 중 하나로 학생이 책을 읽는 시간보다 인터넷을 보는 시간이 많아졌음을 들 수 있다. 인터넷은 정보를 빨리 전달하는 장점이 있지만, 논리적인 기승전결이 생략되어 있다. 대학수학능력시험은 사실보다는 논리를 따지는 질문이 대부분이다. 그러니 단순한 정보 습득만으로는 고급 인지 능력을 평가하는 대학수학능력시험에서 좋은 성적을 받을 수 없다.

프랑스 대학 입학시험인 바칼로레아는 일종의 철학 시험이다. 다양한 주제와 사고 실력을 평가하는 것이다. 이런 능력은 축적되는 데 오랜 시간이 걸리며, 초등학교 때부터 길러야 한다.

읽기 능력이 성적 향상에 도움이 되는 것은 미국 학교에서도 마찬가지다. 최근 미국에서 공부하는 손녀에게 유치원 때부터 대학교 때까지 공부를 잘할 수 있었던 계기가 무엇이냐고 물어보았다. 손녀는 망설이지 않고 책을 많이 읽은 덕분이라고 하였다. 다른 아이들은 교과서 위주로 공부했는데 자신은 교과서 이외의 책을 많이 읽었다고 했다. 그 덕에 지식도 늘고 이해력도 빨라지게 되었다고 하였다. 지금은 법학전문 대학원에 입학하기 위하여 자격시험을 준비하고 있는데, 그 시험도 읽기 능력이 승패를 결정한다고 하였다.

사회에 진출하면 듣기, 말하기, 읽기, 쓰기 모두가 필수적이다.

언어 능력이 부족하면 사회생활을 제대로 할 수 없다. 일반 직장에서도 그렇지만 전문가 집단에서는 아무리 전공 분야가 있어도 언어 능력이 부족하면 실력을 제대로 발휘할 수 없다. 내가 미국 유학 생활을 할 때 노벨생리의학상 수상자였던 대학원 원장은 다음과 같이 말했다. "우리 대학원에서는 언어 능력이 부족한 학생은 뽑지 않습니다." 인간이 살아가는 모든 영역에서 언어는 필수 요소다.

미국 전당 대회를 취재한 어떤 한국인 기자의 기사를 본 적이 있다. 그는 연설자로 나선 정치인이 중고등학교에서 '토론의 신'이라는 말을 들었을 것 같다며 미국은 전 교육 과정에서 말하기와 글쓰기를 강조하는 것 같다고 하였다. 더욱이 말하기와 글쓰기로 타인의 마음을 얻을 수 있다는 것을 미국 정치인을 보면서 느꼈다고 하였다. 나아가 우리 정치인의 말과 글이 국민의 마음을 감동시키는 날이 오기를 기다린다고 하였다.

독서, 토론, 논술로 돌아가자

공자는 "알기 위해서는 선현의 글을 많이 읽어야 한다"라고 했다. 그러나 "읽기만 하고 생각하지 않아서는 안 된다"라고도 하였다. 선현의 글을 읽고 배우면서 그 의미를 깊이 생각해야 한다는 것이다. 또한 "읽기만 하고 생각하지 않는 사람은 어리석은 사람이고, 반대로 생각만 하고 남의 글을 읽지 않는 사람은 교만한 사람이다"라고도 하였다. 공자의 말을 통해 읽기와 생각하기가 얼마나 중요한지 짐작할 수 있을 것이다.

초등학교 과정을 성공적으로 보내는 가장 좋은 방법은 책을 많이 읽는 것이다. 독서는 지식을 넓혀줄 뿐 아니라 지적 능력도 높여준다. 우리는 책을 읽으면서 저자의 논리를 따라간다. 저자가 주장하는 내용이 무엇인지, 그것을 어떤 논리와 증거로 설명하고 있는지, 결론은 무엇인지를 따라가는 것이다. 그것은 사고의 과정이다.

독서는 이러한 사고의 과정을 익힐 수 있게 한다. 그러나 학교 교과서를 읽고 공부하는 것은 단순한 사실을 기억하는 것에 불과하다. 내가 아이들의 교육에 관심을 갖게 된 것도 초등학교 교과서 내용을 보고 난 뒤였다. 교과서 내용이 너무 부실하였다. 지금 아이들의 지적 수준에 맞지 않았다. 우수한 아이들은 하루이틀이면 다 소화할 만한 내용이었다.

1960년대만 해도 학교에서 아이들에게 책을 읽고 요약해 오라고 하였다. 그리고 그 내용을 발표하고, 다 같이 토론했다. 시험도 주관식이었다. 읽고 쓰는 것이 주된 학습 내용이었다. 그런데 객관식 시험이 일반화되면서 단답을 요구하는 형식의 학습이 주를 이루었다. 읽고 정답을 찍기만 하면 되었다. 책을 읽고 생각하고 토론하는 과정이 없어진 것이다.

요즘 아이들은 책이 아니라 인터넷을 가지고 시간을 보낸다. 인터넷으로 정보를 습득할 때는 책을 읽을 때와 같은 사고 과정을 거치지 않는다. 필요한 정보를 얻기만 하면 된다. 한 인터넷 게임 회사 직원은 "챗GPT 시대에도 언어 능력이 가장 안전한 자산이다"라고 말했다. IT업계는 분업 형태로 일하므로 소통 능력이 가장 중요한데, 읽고 쓰고 말하는 언어 능력 없이는 같이 일하기 어렵다는 것이다.

1992년에 안식년을 지내는 동안 작은아이를 미국에 데리고 간 적이 있다. 아이가 초등학교 4학년 때였다. 수업 내용은 주로 책을 읽고 내용을 정리해 제출하는 것이었다. 교과서 위주의 수업이 아니었다. 주제 중심이었고, 읽고 쓰고 생각하는 수업이었다. 학교에서는 매일 숙제를 내고 검사도 철저히 하였다. 미국도 1960년대는 객관식 답변을 요구하는 형식의 학습을 하다가, 다시 읽고 쓰고 셈하는 것을 중시하는 "기본으로 돌아가자"는 취지의 학습으로 바뀐 것이다. 우리는 학교가 제대로 된 숙제를 내주지 않은 지 오래되었다. 우리도 기본으로 돌아가야 한다.

연구 자료를 구하려고 영국에서 잠시 체류하는 동안에도 아이를 데리고 갔다. 아이가 중학교 1학년 때였다. 영국도 읽고 쓰고 생각하는 수업을 하고 있었다. 아이는 교사가 주는 주제와 관련된 자료를 찾기 위하여 대학 도서관을 찾았다. 주제와 관련된 자료를 찾는 것도 중요한 공부이기 때문이다.

나는 직업이 교수이기 때문에 집에 와서도 책을 많이 읽었다. 특히 아이가 초등학교에 입학할 때는 많은 시간을 집에서 일했다. 내가 책을 읽고 있으면 어느새 아이도 내 옆에 앉아서 책을 읽고 있었다. 아내도 우리와 호흡을 같이하며 다양한 잡지를 읽었다. 아이는 동네 책방에서 살다시피 했다. 주로 과학책을 재미있게 읽었다. 나는 과학 분야 교수들에게 책을 소개받아서 아이에게 읽히기도 했다.

이렇게 책을 선택하여 읽게 한 뒤에는 그 내용을 가족 앞에서 발표하게 하였다. 아이가 읽은 책 내용을 발표하면, 그 내용을 중심으로 가족 모두가 토론하고, 결과를 쓰게 하였다. 토론한 내용을 쓸 때는 마지막에 자신의 의견도 쓰게 하였다.

이렇듯 독서와 토론과 논술은 하나로 이어져야 효과가 있다. 하나의 주제를 중심으로 독서를 하고, 그 이론이 현실적으로 맞는가를 토론하고, 스스로 결론을 내게 하는 방법이다. 독서 따로, 토론 따로, 논술 따로 해서는 효과가 반감될 것이다.

우리 가족이 독서·토론·논술 시간을 갖는다고 하자, 이웃 부모들이 자신들은 "아이들과 같이 책을 읽을 시간이 없다"고 하였다. 나도 아이와 같이 책을 읽을 시간은 없다. 그러나 아이가 발표하는 것을 듣고 있으면 책 내용을 제대로 파악하고 있는지, 읽고 나서 어떤 생각을 하였는지는 알 수 있다. 이것은 부모라면 누구나 할 수 있다.

대학 논술 시험을 준비한다고 학원에서 논술 연습만 하는 것은 효과적이지 못하다. 읽고, 토론하고, 결과를 정리하는 것이 논술 실력을 높이는 길이다. 독서는 저자의 논리와 주장을 따라가는 과정이다. 토론은 저자의 주장을 따져보는 과정이다. 논술은 생각을 정리하는 과정이다. 이 세 과정이 합쳐져야 제대로 된 독서라고 할 수 있다.

부모가 아이의 독서 지도를 할 때는 우선 책 제목을 주제로 대화해보는 것이 좋다. 가령 책의 주제가 '최저임금'이라면 미리 생각해보고 읽게 하는 것도 방법이다. 주제 의식 없이 읽으면 읽고 나서 얻는 것이 없다. 나는 독서 지도를 할 때 늘 아이와 의논하였다. 책을 고를 때도 아이가 고르게 했다. 그리고 책의 주제에 대한 답을 미리 이야기해보라고 하였다. 왜 이 책을 골랐는지를 물어보고 나의 의견도 첨가하였다. 아이가 좋아하는 책을 우선 고르고, 다음에는 내가 추천하는 책도 한 권 골랐다.

이러한 나의 노력은 성과가 있었다. 아이는 많은 책을 읽은 덕분에 학업 성적이 좋아졌다. 속독의 효과가 있었다. 그리고 전국 논술 대회에서 최우수상을 여러 번 받았다. 독서로 얻은 다양한 분야의 지식은 미국 초등학교에 가서도 유용하게 쓰였다. 초등학교 때 독서로 얻은 지식은 중고등학교 때 교과 내용과 연결되었다. 교과서만으로는 얻을 수 없는 효과였다.

독서·토론·논술을 통해 지식을 축적하고 인지 능력도 높이는 '일석이조 一石二鳥'의 효과를 얻은 것이다. 인지 능력과 학업 성적은 초등학교 때 결정된다. 초등학교 때 공부가 평생을 좌우한다.

영어와 한문 공부로
실력을 쌓는 법

외국어 공부는 암기가 효과적이다

작은아이에게는 체계적인 영어 교육을 시키고 싶었다. 우선 때를 놓치지 말아야 했다. 늦게 시작해서는 안 된다는 것을 나의 경험을 통해 알았기 때문이다. 7세가 되는 초등학교 1학년 때가 적절한 시기지만, 처음 학교에 입학해 적응하는 기간이 필요하다고 생각해 2학년 때 시작하였다.

초등학생 시기는 기억력이 왕성하고, 학교 수업 시간도 중고등학교에 비해 여유가 있다. 영어 공부를 시작하기에 가장 적절하다. 나는 아이가 등교하기 전에 매일 30분씩 영어를 가르쳤다. 1980년대만 해도 초등학생에게 영어를 가르치는 사람은 드물어 학습 자료가 부족하였다. 당시 영어 학원의 학습 자료는 너무 빈약하였다. 회화 위주의 단순 반복이 주된 내용이었다. 나는 중학교 영어 교과서를 사용하였다. 교과서는 기본 문장으로 시작된다. 기본 문장 다음에는 기본 문장에 나오는 단어를 이용한 회화가 나오고, 그다음에 본문이 나온다. 마지막으로 복습 문제가 나온다.

외국어 공부를 할 때는 우선 많이 들어야 한다. 그래서 영어로 된 영화를 자막 없이 여러 번 듣게 했다. 그리고 교과서의 기본 문장을 외우게 하였다. 기본 문장을 외우는 것은 영어의 기본 문법 체계를 익히는 것이다. 그것은 외국어 학습자가 다른 문법 체계를 빠른 시일 내에 가장 확실하게 배울 수 있는 방법이었다. 우리 세대는 주어, 동사, 목적어 등의 얼개로 영어 문법 체계를 배웠다. 그렇게 공부하니 말할 때 그 문법에 맞게 말하려고 애쓴다. 그러나 머리로 문법을 따져 말하려면 늦는다. 외우는 것이 최선이다.

기본 문장을 외우게 한 다음, 기본 문장을 응용한 회화를 하고, 본문을 해석하게 했다. 그다음에 단어를 외우게 했다. 새 단어는 다음 시간까지 반드시 외우게 하고, 게으름을 피우면 강하게 훈육했다. 이런 과정을 매일 한 결과 1년 동안 중학교 1~3학년 영어 교과서를 모두 마칠 수 있었다. 다음에는 1년 동안 영어책을 읽게 하였다. 외국 어린이를 위해 능력별로 편집된 시리즈 영어책이었다. 그 책 시리즈를 1년 동안 읽고, 새 단어는 역시 외우게 했다.

교수 안식년이었던 나는 4학년이던 작은아이를 미국에 데려갔다. 적응하는 데 문제가 없었다. 6개월 후에 미국 전체 초등학생이 치르는 학력고사인 '아이오와 테스트'가 있었는데, 아이는 상위 1퍼센트 안에 들었다. 교장 선생님이 "영어를 언제부터 배웠느냐"고 물을 정도였다. 한국에서 독서로 얻은 지식이 토대가 되어 영어로 된 책도 쉽게 이해할 수 있었다. 아이를 유학 보낼 때는 언어가 숙달되어야 하는 것은 물론 지적 토대도 탄탄해야 한다는 사실 또한 다시 한번 실감할 수 있었다.

한문 공부가 우등생을 만든다

내가 아이에게 한문을 가르친 것은 가장 성공적인 교육 방법이었다. 우리 시대 학교에서는 서양 문화만을 배웠다. 문학이나 철학도 서양 중심이었다. 그러다 미국 유학을 하면서 동양 문화에 대한 가치를 새롭게 인식하게 되었다. 귀국 후 아이에게도 우리 전통문화를 가르쳐야겠다고 생각했고, 그 첫 단계로 한문을 선택했다.

당시 내 연구실 옆방에는 한문 전공 교수님이 있었다. 우리 아이에게 한문을 가르치려고 하는데 어떻게 하면 좋으냐고 물었더니, 자신이 한문을 배운 경험을 이야기하였다. 어렸을 때 할아버지 앞에서 무릎을 꿇고 《명심보감》을 외운 덕이 크다고 하였다. 그러니 우리 아이에게도 《명심보감》을 외워서 쓰게 하라고 했다. 그리고 한문 선생님 한 분을 소개받았다.

우리 아이는 그 선생님의 도움을 받아 1년 동안 《명심보감》을 읽고 해석하고 외워서 썼다. 한문을 가르친 선생님도 처음에는 그것이 가능하겠느냐고 의심하였다. 그러나 아이가 외워서 쓰는 것을 어렵지 않게 따라가자 놀랍다고 하였다. 일생에서 기억력이 가장 왕성한 초등학교 시기였기 때문에 가능한 것이었다.

《명심보감》 공부가 끝난 다음 교수님에게 "어떤 공부를 더 하면 좋으냐?"고 물었더니 《맹자》를 가르치라고 했다. 아이는 나와 《맹자》를 읽고 해석한 다음 문장을 외웠다. 아이가 나보다 더 빨리 읽는 것 같았다. 그렇게 《맹자》를 끝내고 《논어》를 가르치려고 했지만, 아이가 읽기에는 너무 어려웠다.

이렇게 한문을 가르친 효과는 놀라웠다. 독해력이 급성장하였다. 우리글의 70퍼센트 이상은 한자에서 온 것이다. 한자는 표의 문자라 그 뜻이 쉽게 전달될 수 있다. 더불어 한문을 공부하니 어려운 책도 쉽게 읽고 이해할 수 있었다. 쓰는 단어의 수준 또한 올라갔다. 글을 읽고 쓰는 데 이보다 좋은 학습 방법이 없었다.

한자어는 한 단어를 가지고 다양하게 이용할 수 있다는 장점이 있다. 예컨대 '지知'를 가지고 지식, 지능, 지모 등으로 다양하게 이용할 수 있다. 아이는 그런 식으로 한자어를 응용하였으며, 어려운 문장도 쉽게 이해하고, 사용하는 단어 폭도 넓어져 글도 잘 쓰게 되었다.

이렇게 해서 독해력이 좋아지자 책을 좋아하게 되었다. 동네 책방에서 책을 닥치는 대로 읽다가 주인에게 쫓겨나기도 하였다. 아이들과 친구 집에서 놀다가도 그 집에 책이 있으면 시간 가는 줄 모르고 읽다가, 아이들이 다 나가는 것도 모르고 혼자 있었다.

초등학교 때는 학교 시험 점수에 매이지 말아야 한다. 초등학교 시험은 단편적인 내용을 기억하는 것이 전부이기 때문이다. 그보다는 가능한 한 많은 책을 읽고 지적 토대를 탄탄히 하는 것이 효과적이다. 나는 기억력이 왕성한 초등학교 때 한문 공부를 권하고 싶다. 최근 비봉출판사 사장도 "나는 우리 아이들이 한자만 제대로 공부해도 과외가 필요 없을 만큼 지적 능력이 높아질 거라고 봅니다"라고 하였다.

학년이 높아지면 공부하는 과목도 늘어나고 내용도 복잡해진다. 단순 기억력으로는 모든 과목을 제대로 공부할 수 없다. 내용이 복잡해지므로 이해력, 응용력, 분석력, 종합력 등의 고등정신 능력이 필요하다. 그것은 과외 학습이나 학교 시험 점수만으로는 해결할 수 없는 어려운 문제다. 초등학교 때 한문 공부를 하는 것은 그 같은 고등정신 능력을 높이는 가장 효과적인 방법이다. 한문을 공부한 덕분에 우리 아이는 중학교 때 일본어를 공부하면서도 많은 도움을 받았다. 일본어도 한자를 변용해서 만들어졌기 때문이다.

교육의 기본은
초등학생 때 시작된다

초등학생 부모가 놓치지 말아야 할 것이 몇 가지 있다. 첫째, 일생에서 기억력이 가장 왕성한 이 때 외국어 공부에 집중하라. 기억력은 중학교 때부터 줄어들며, 고등학생이 되면 더는 증가하지 않는다. 따라서 초등학생 때 외국어를 공부하는 것이 효과적이다. 외국어 공부는 이해하는 것이 아니라 외우는 것이다. 문법을 배우는 것보다 문법에 맞는 기본 문장을 외우는 것이 효과적이다.

둘째, 건강한 사람으로 키우는 것이다. 우리는 초등학생 때 체력을 길러주는 일을 중요하게 생각하지 않는다. 나는 외국인들의 체력에 놀라고는 한다. 그들은 여러 날 밤을 새우고도 지치지 않는다. 공부하는 것도 체력이 강해야 한다. 체력이 떨어지면 뇌도 움직이지 않는다. 우리 부모들은 아이들을 너무 약하게 키운다.

미국 어머니들은 추운 겨울에 아이들이 마당에서 뒹굴어도 내버려둔다. 우리 어머니들은 상상할 수 없는 일이다. '감기 걸린다', '옷 버린다'며 야단칠 것이다. 학교도 마찬가지다. 우리는 학교 수업에 체육 시간이 있는지 없는지도 모르게 지나간다. 그러나 미국 아이들은 매일 체육 시간에 적극적으로 참여한다.

요즘 젊은 어머니들은 아이들을 약하게 키우는 것 같다. 병원에 너무 자주 가는 것이 아닌가 하는 생각도 든다. 조금만 아이가 아파도 병원에 간다. 가벼운 감기도 병원행이다. 면역력을 길러야 하는데 과잉보호를 하는 게 아닌가 하는 염려가 될 정도다.

될 수 있으면 초등학생 때 체력을 길러야 한다. 부모가 아이와 함께 운동도 하고 등산도 하면 아이가 병원에 갈 일이 현저하게 줄어든다. 나 자신도 초등학생 때 산으로 들로 돌아다닌 덕에 지금도 건강한 것 같다.

셋째, 인성을 닦아주는 일이다. 인간에게는 지적 능력과 함께 인성의 발달 또한 삶의 중요한 요소 중 하나다. 인성이 발달하려면 세상의 많은 것을 이해해야 한다. 어려운 사람의 형편을 이해하는 데에는 동화집이 좋은 자료다. 《안데르센 동화집》, 《그림형제 동화집》, 《크리스마스 캐럴》 등이 좋다. 아이들은 슬픈 이야기에 쉽게 반응하고 감동한다. 그것은 인간의 가장 중요한 본성이다. 맹자는 '측은지심惻隱之心'이 인仁의 기본이라고 하였다.

좋은 음악을 들려주거나 명화를 보러 가는 것도 좋다. 나는 나이 80에 이른 이제야 아름다움이 무엇인지 알게 되었다. 먹고사는 데 필요한 지식 이외에 아름다움을 이해하는 지식도 그에 못지않게 중요하다는 것을 알았다. 세상을 살다 보면 슬픈 일이 얼마나 많은가. 그러한 인간의 슬픔을 달래주는 것은 아름다움을 보고 느끼면서 감동하는 것이다.

학교는 미술이나 음악 시간은 '예외 시간'으로 치부한다. 시간이 남으면 가르치고 시간이 없으면 가르치지 않아도 되는 과목으로 생각한다. 가정에서라도 음악과 미술을 감상하는 시간을 갖게 해야 한다. 나는 가능한 한 아이들을 음악회나 미술 전시회로 자주 데리고 갔다. 그 결과 작은아이는 음악이나 미술에 대한 상당한 지식을 갖게 되었다. 어려운 일을 당할 때 음악을 들으면서 위안을 받고는 하였다.

텔레비전 시청의 득과 실

　초등학교 입학 후 부모들이 가장 걱정하는 것은 아이가 학교 수업 이후 어디로 가서 무엇을 하는지이다. 초등학교 수업은 대체로 오후 2~3시에 끝난다. 부모가 모두 일을 하는 경우 아이들은 아무도 없는 집에 혼자 있어야 한다. 부모들은 5시 이후가 되어야 돌아온다. 부모들은 그 공백을 메우기 위해서 아이들을 학원에 보낸다.

　아이들은 혼자 시간을 보내기 위해 텔레비전 또는 유튜브를 시청한다. 보통 아이들은 하루에 3~4시간 동안 텔레비전을 본다. 부모들은 텔레비전 시청이 아이들의 공부 시간을 빼앗는다고 걱정한다. 유치원에 다니는 아이들은 밖에 나가서 다른 아이들과 놀이를 하는 것이 좋은데, 지금 형편으로는 텔레비전을 보게 하는 수밖에 없다. 대체로 유치원생 때부터 초등학생 때까지 텔레비전을 가장 많이 보고, 중학생 때부터는 텔레비전 시청 시간이 줄어든다.

그렇다면 텔레비전 시청은 아이의 인지 발달에 방해가 되는가? 대부분의 연구 결과는 '그렇다'고 답한다. 캐나다의 한 마을에서 텔레비전이 들어오기 전의 아이와 텔레비전이 들어오고 2~4년이 지난 후의 아이를 비교했더니 텔레비전을 경험한 아이가 읽기와 창의성에서 크게 뒤떨어졌다고 한다.

텔레비전 시청의 긍정적인 면은 없는 것인가? 지금은 텔레비전을 보지 않고 살 수 없는 세상이다. 문제는 텔레비전 시청 방법이다. 8~9세에는 텔레비전 프로그램의 내용 전체를 이해하지 못하고 단편적으로 받아들인다. 그들은 전체적인 내용 전개를 파악하는 데는 관심이 없고, 인물이나 동작, 소리 등에 관심을 보인다. 그러다 중학생이 되어서야 내용을 전체적으로 이해한다. 그 징검다리가 되는 초등학생 때 부모의 텔레비전 시청 지도가 필요하다.

텔레비전 프로그램 중에 폭력성을 미화하는 내용이 많은 것은 문제다. 폭력적인 내용을 많이 보게 되면 아이들이 폭력물을 좋아하게 되고 공격적인 행동을 모방하게 된다. 텔레비전 폭력물의 대부분은 폭력을 행사하는 인물을 영웅으로 묘사한다. 아이들에게는 이러한 '폭력 영웅'이 롤모델이 되기도 한다.

폭력적인 영상을 많이 본 아이는 폭력적인 영상을 적게 본 아이보다 공격적인 성향이 높아진다고 한다. 텔레비전 폭력물과 공격적인 행동의 연관성은 유치원생, 초등학생, 중고등학생 심지어 성인들에게서도 나타났다. 폭력적인 영상을 자주 본 아이는 공격적이고, 공격적인 아이는 더 폭력적인 영상물을 원한다. 나아가 폭력물을 좋아하는 아이의 학교 성적 또한 떨어지는 것으로 나타난다. 뿐만 아니라 8세 때부터 폭력물을 좋아한 아이는 성인이 되었을 때 공격성이 높고 심각한 범죄를 저지를 가능성도 높아진다.

더욱 심각한 것은 폭력물을 좋아하는 아이가 세상이 폭력에 의해서 움직인다고 생각하게 된다는 것이다. 폭력물을 좋아하는 8~9세 아이는 텔레비전에서 보여주는 폭력적인 장면이 허구가 아닌 일상생활을 그대로 보여주는 것이라고 믿는다. 또한, 폭력물에 오래 노출된 아이는 정서적으로도 폭력에 둔감한 반응을 보인다.

그리고 텔레비전 광고 또한 문제다. 방송국은 광고비에 의해 운영된다. 따라서 텔레비전은 광고 회사의 요구를 무시할 수 없다. 회사들은 장난감, 패스트푸드 등 아이를 타깃으로 한 부모들 상품을 광고한다. 상품 대부분은 부모들이 원하지 않는 것으로, 부모는 상품을 갖고 싶어 하는 아이와 갈등을 빚는다. 아이를 위한 광고 상품은 대체로 안전성이 담보되지 않거나 영양가가 낮은 경우가 많다. 성인을 타깃으로 의사의 처방 없이 광고하는 약물이나 알코올 같은 위험한 광고도 아이에게 그대로 노출된다.

어떻게 하면 아이의 텔레비전 시청을 지도할 수 있는가? 첫째, 텔레비전 시청 시간을 제한한다. 아이와 이야기해 텔레비전 시청 시간을 정한 뒤, 아이가 약속을 어기면 시청을 금지하는 식으로 제재를 한다. 둘째, 좋은 프로그램을 보도록 한다. 폭력물을 보지 못하게, 비밀번호 등을 설정하는 등 잠금장치를 사용한다. 셋째, 아이와 함께 텔레비전을 본다. 폭력물을 접했을 때 무엇이 해로운지 설명하여 아이가 이해할 수 있도록 하는 것이다. 넷째, 부모가 솔선수범한다. 부모는 종일 텔레비전 앞에 있으면서 아이에게 텔레비전 보지 말고 공부하라고 하는 건 아이 입장에서 이해하기 힘들다. 다섯째, 합리적이고 이성적인 방식으로 텔레비전 시청을 지도한다. 아이가 텔레비전 시청을 지도하는 부모의 말이 일리가 있다는 인식을 갖도록 한다.

텔레비전 시청은 무익한 것만은 아니며, 아이 교육에 유익하게 활용할 수도 있다. 아이 교육을 위해 텔레비전을 어떻게 이용하면 좋은가? 우선은 양질의 프로그램을 선택하는 것이다. 최근에는 교육적으로 도움이 되는 프로그램이 많이 개발되었다. 특히 3~5세를 대상으로 셈하기, 숫자와 철자 인식하기, 물건 순서

대로 놓기, 간단한 문제 풀기 등과 같은 프로그램이 개발되었다. 그러나 이러한 프로그램은 아이가 홀로 시청해서는 교육 효과가 없다. 교사나 부모가 같이 보면서 설명을 해야 한다.

  그렇지만 아이들의 텔레비전 시청은 아무래도 좋은 점보다는 우려할 점이 더 많다. 어린아이들이 나가서 뛰어놀지 않고 실내에 앉아서 텔레비전만 시청하는 것은 수동적인 활동이다. 아이들에게는 밖에 나가 뛰어노는 것이 더 좋은 교육이다. 아이들은 만화를 보는 경우가 많은데 이것은 독서나 다른 활동 시간을 감소시킨다. 나의 경험에 비추어 봤을 때, 텔레비전 시청 시간을 줄이는 방법으로는 독서가 가장 효과적이었다. 아이가 독서에 흥미를 갖게 되면서 자연스럽게 텔레비전에 관심이 없어졌다. 가정의 분위기도 중요하다. 가족이 텔레비전보다 책을 가까이 하면 아이들도 따라오게 되어 있다.

많이 싸우더라도
혼자보다는 형제가 좋다

아이는 자랄수록 부모와의 갈등뿐만 아니라 형제와의 갈등도 심하게 벌인다. 새로운 아기가 태어나면 보통의 어머니는 먼저 태어난 아이에게는 관심을 덜 가진다. 먼저 태어난 아이는 자신에 대한 어머니의 사랑이 줄었다고 생각하며 반항하게 된다. 어머니와의 독점적인 애정이 새로 태어난 아기 때문에 사라졌다고 느끼는 것이다.

형제들 간의 경쟁심을 최소화하는 방법은 무엇인가? 먼저 태어난 아이가 부모 양쪽과 애착 관계를 잘 유지하고 있다면, 아버지가 먼저 태어난 아이에 대한 관심을 표하면서 그의 감정을 누그러뜨릴 수 있다. 그리고 부모는 먼저 태어난 아이가 새로 태어난 아기를 예뻐하고 도와주도록 유도한다.

형제간에 갈등이 일어나는 건 지극히 정상이다. 〈더 타임스〉의 과학기술 부문 수석 편집자 제프리 클루거Jeffrey Kluger에 따르면, 어린 형제간에 싸움이 일어나는 수는 시간당 6건 이상이라고 한다. 이러한 갈등은 학령기 전이나 학령기 이후에도 계속되지만, 나이가 들면서 점차 완화되거나 사라진다. 보통은 먼저 태어난 형제가 어린 동생에게 지배적인 관계가 되고, 동생은 먼저 태어난 형제에게 복종적인 관계가 된다. 먼저 태어난 형제들은 어린 동생을 돌보면서 자신의 성숙함을 보여주려고 한다.

일반적으로 부부관계가 좋다면 형제들도 좋은 관계가 유지된다. 부부관계가 적대적이면 형제관계도 적대적이게 된다. 부부갈등은 아이들을 정서적인 불안정 상태로 몰아간다. 부모의 지도가 없는 상태에서 먼저 태어난 형제는 동생들을 강압적으로 대하게 된다. 이러한 행동은 먼저 태어난 형제가 자신의 친구를 대하는 방식으로도 전이된다. 친구들을 자기 동생 대하듯 하면서 점점 또래 관계에서의 인심을 잃게 된다. 아이들을 제멋대로 행동하게 내버려 두면 집에서의 형제간 갈등이 심해지고 그것은 곧 집 밖에서의 공격적인 행동으로 이어진다.

가장 중요한 것은 부모가 형제 중 한 명을 편애하지 않는 것이다. 특히 어린 동생이 먼저 태어난 형제만 사랑받는다고 생각하면 먼저 태어난 형제와의 관계는 갈등으로 치닫는다. 형들도 자신보다 동생을 아끼는 것에 대해 불편함을 느끼지만, 동생들보다는 감정적 상처가 덜하다. 부모가 자신보다 어린 동생을 더 돌보는 것을 대체로 이해하는 편이다. 그러나 성장하는 과정에서 오랫동안 묵혀왔던 형제간의 경쟁심은 성인이 되어서도 쉽게 사그라지지 않는다. 부모의 공정한 태도가 절대적으로 중요하다.

그럼에도 순전히 교육적인 측면에서 형제가 있는 것이 없는 것보다 좋다. 그 이유는 첫째, 형제가 서로를 정서적으로 지원할 수 있기 때문이다. 힘든 시기에 서로를 신뢰하고 보호하는 역할을 한다. 둘째, 먼저 태어난 형제가 어린 동생을 돌봐주거나 새로운 기술을 가르치면서 부모의 육아 부담을 덜어준다. 먼저 태어난 형제는 동생에게 장난감을 물려주거나 글자를 가르치며 대화하기에 힘쓴다. 셋째, 형제들 간의 잦은 접촉이 그들의 인지 능력과 사회성을 높여준다. 대체로 혼자 지낸 아이들보다 형제가 있는 아이들의 정서적 표현력이 풍부하고 의사소통이 원활하게 이루어진다.

5장

중학교 :
자아 정체성과
사회성의 분기점에서

초등학생 때까지는 부모가 아이의 삶에 개입하여 문제나 관계를 어느 정도 조율할 수 있다. 아이의 하루 일과를 살피고, 학습이나 또래 관계도 가깝게 들여다볼 수 있다. 그러나 아이가 중학교에 입학하면, 부모는 익숙하게 누려온 돌봄의 자리에서 조금씩 물러나야 한다. 아이는 또래 친구와 관계를 맺으며 점점 자기 세계를 만들어가야 하기 때문이다.

이번 장에서는 중학생 자녀를 둔 부모가 마주하는 과제를 함께 살펴보고자 한다. 아이는 중학교에 들어서며 정서적 변화와 학업 환경의 차이, 또래 관계의 복잡함을 겪고, 이를 이해하며 적응해야 한다. 이때 부모로서 어떤 태도로 아이를 지지하고, 어떤 역할을 하는 것이 좋은지 이야기 나누어보자.

중학교는 초등학교와
어떻게 다른가

　자녀가 중학교에 들어가면 부모는 한숨 돌린다. '이제 아이가 알아서 하겠지'라고 생각한다. 그러나 아이가 중학교에 입학하면 그 나름의 많은 어려움이 생겨난다. 이때는 아이가 자아를 찾는 시기다. 부모의 틀에서 벗어나 자신을 찾는 '반항의 시기'다. 부모나 다른 어른에게 반항하려고 한다. 중학생은 폭탄과 같아 언제 어디서 터질지 모른다.
　이 시기 아이의 심리를 이해하고 싶은 부모에게는 마크 트웨인의《톰 소여의 모험》을 권한다. 이 책의 작가도 서문에서 부모들이 같이 읽기를 권한다. 이 소설은 중학생 나이대의 아이들이 겪는 고민을 잘 보여준다. 골목대장이 되고 싶은 욕구, 부모를 골탕 먹이고 싶은 충동, 교회나 학교에서의 지루한 생활, 이성에 대한 호기심 등이 생생하게 묘사되어 있다. 부모들이 읽어보면 자신의 어릴 때 생각이 나면서 아이들의 심리도 이해할 수 있을 것이다.

중학교는 초등학교와 학교 환경이 질적으로 다르다. 초등학생 때는 학업 부담이 적다. 초등학교 교과목 수는 중학교와 비교도 되지 않는다. 당연히 중학생 때는 학업 부담이 크다. 초등학교와 달리 교과 내용을 이해하고 응용해보아야 한다. 단순한 기억이 아니다. 선생님도 담임 선생님 한 분이 아니고 여럿이다. 교과별로 수많은 선생님을 대해야 한다.

학생들끼리의 관계도 경쟁적이다. 일부 아이는 학업 부담과 새로운 친구와의 관계 때문에 학교가 싫어지고, 학습에도 흥미를 잃는다. 새로운 환경에 적응하는 과제와 부딪치게 되는 것이다. 이러한 부담을 안고자 하는 아이는 가정보다 학교와의 관계를 중시하게 되기도 한다.

설상가상으로 이 시기는 소위 '사춘기'에 해당한다. 정서적으로 불안한 시기이며, 자기 존재를 확인받고 싶지만 아무도 자기를 인정해주지 않는다고 느낀다. 부모와 학교, 교사도 자기편이 아니다. 그러한 생각은 자기를 알아주는 또래 집단과 가까워지는 계기가 된다. 또래 집단의 '대장'이 되고 싶어 하기도 한다.

　가정보다 학교에서의 관계를 중시하고, 또래와 어울리는 일에 몰두하는 문제를 해결할 방법은 무엇인가? 학자들은 세 가지 방법을 제안한다. 첫째, 아이가 자기 의견을 말할 수 있고, 의견이 채택될 수 있는 가정의 분위기가 조성되어야 한다. 이때는 아이가 자아를 확인하고 싶은 시기다. 둘째, 교과에 흥미를 갖게 하는 교사의 태도가 중요하다. 아이가 좋은 성적을 거두려면 학교에서는 교사가 아이들이 재미있어할 만한 수업을 준비할 수 있도록 적극적으로 도와야 한다. 셋째, 긍정적인 학교 분위기가 만들어져야 한다. 학교가 성적 경쟁을 부추기는 것이 아니라 누구나 최선을 다하면 좋은 결과를 얻을 수 있다는 분위기를 조성해야 한다. 중요한 건 학교 책임자와 교사들의 생각이다.

　학교는 사회적인 분위기와 학부모의 교육적 가치관에 영향을 받는다. 어느 학교의 학부모는 망원경으로 아이가 수업 받는 것을 관찰하다가 잠시 노는 것을 보면 교장실로 전화해 "왜 아이들을 놀게 하느냐"며 항의하였다고 한다.

　초등학교를 졸업하고 중학교에 입학하면 '이제 한숨 덜었다'는 생각은 버려야 한다. 아이가 새로운 환경에서 어려움을 겪고 있음을 부모가 인정해야 한다. 아이를 위로하고 격려해야 한다. 아이와 자주 이야기해야 한다. 아이의 자존감을 살려주어야 한다. "그것도 못 하느냐"고 질책하면 안 된다.

중학교 때는 아이들의 자율성을 존중해야 한다. 교사들도 성적보다는 아이의 적성과 목표에 맞게 지도해야 한다. 일률적인 경쟁이나 점수에 연연하는 것은 아이의 능력을 죽이는 일이다. 교사와 학부모가 의견을 교환하고 적절히 협력하며 아이를 지도해야 한다.

아무리 노력한다 해도 부모는 사실 자기 아이에 대해 잘 모를 수 있다. 그러나 교사들과 자주 접촉하면 많은 정보를 얻을 수 있다. 아이의 학력뿐만 아니라 학급 아이들과의 관계도 알 수 있다. 아이들이 말하지 않는, 그리고 부모가 모르는 여러 가지 이야기를 교사로부터 들을 수 있다.

초등학생 때부터 교사와 자주 접촉하여 학교에서 지내는 아이의 실상을 알게 되면 나중에 대학교 입학을 준비하며 큰 도움을 받을 수 있다. 초등학생 때부터 얻은 정보로 아이의 적성이나 실력을 정확하게 알 수 있기 때문이다. 아이의 적성이나 실력을 모르고 점수로 학교를 선택하는 것은 잘못된 결과를 가져올 수 있다. 아이가 학교에 실망하고 진로에 어려움을 겪을 수 있다. 그 때문인지 진로를 잘못 선택하여 고민하는 젊은이들이 계속 늘어나고 있다.

아이의 자아존중감을
높이는 방법

　초등학교를 졸업할 무렵부터 중학생 때까지 대부분의 아이는 사춘기를 맞는다. 남자아이의 경우 갑자기 키가 커지고 목소리도 걸걸해지고 여기저기 근육도 불거진다. 성적인 기능도 발달하여 이성에 대한 호기심도 생긴다. 성인으로 변화하는 시기인 것이다.
　신체적인 변화뿐 아니라 심리적인 갈등도 생긴다. 아버지와 어머니, 형제들과도 거리가 생긴다. 부모에게 대들기도 하고 형제들과 언쟁을 벌이기도 한다. 뿐만 아니라 학교에서도 또래 아이들과 갈등을 빚게 된다. 그러나 이제 아이의 티를 벗어났다고 여겨지는 이들의 투정은 누구도 쉽게 받아주지 않는다. 아이 또한 이제 독립적인 개체가 되었다고 생각하기 때문에 누구의 지시도 받고 싶어 하지 않는다.
　한편으로 아이 내면에서는 '나는 누구인가'를 묻게 된다. 자신의 신체, 기질, 능력 등을 스스로 평가한다. 나는 유능한가? 나는 매력적인가? 나는 똑똑한가? 그렇다면 다른 사람은 나를 어떻게 평가하는가? 자기에 대한 인식은 중학생이 부딪치는 가장 중요한 문제다.

아이의 자기인식은 행동이나 목표 달성에 영향을 미친다. 자신이 머리가 좋은 사람이라고 생각하면 더 열심히 공부할 것이고, 자신이 운동 능력이 있다고 생각하면 운동을 더 열심히 할 것이다. 하지만 자기 능력에 대한 자신감이 없으면 좌절하게 될 것이다. 심하면 어른에게 반항하고 친구를 괴롭히며 자신의 시간을 허비할 수 있다. 자신을 긍정적으로 평가하는 아이는 정신적 안정감을 유지한다. 그렇지 않은 아이는 우울감을 느끼고 심하면 약물 남용에, 자살을 시도하기도 한다.

특히 중학생 때는 다른 친구들이 나를 어떻게 생각하는지에 대해 예민하다. 나도 우리 아이가 중학생이 되면서 반 아이들과의 관계에 예민해졌음을 느꼈다. 자신감이 없는 아이는 새로 만나게 된 아이들과 잘 사귀지 못한다. 그들이 나를 어떻게 볼지 불안해하기도 한다. 심하면 학급 활동이나 동아리 모임에도 참가하지 않는다. 자기 권리를 주장하지 못하고 의사 표현도 하지 못한다. 그러다 소위 '왕따'가 되기도 한다.

자아존중감이 높은 아이는 학업 성적도 높다. 학업 성적이 좋으면 자신감을 갖고 더 노력하게 된다. 그러나 자아존중감이 낮은 아이는 좌절하기 쉽다. "난 아무리 해도 안 돼", "난 머리가 나빠서 안 돼"라며 학업을 포기하게 된다. 이때 선생님은 아이의 이런 문제를 극복하게 도와주기도 한다. 내가 초등학교 때 산수를 잘 못해서 걱정하니까, 선생님이 "너는 다른 과목은 모두 잘하는데 산수 좀 못 한다고 걱정할 필요 없다. 조금만 더 열심히 하면 된다"라고 격려하셨다. 그 후로 산수도 더 열심히 하게 되었고 자신감도 얻게 되었다.

방과 후 활동은 자아존중감에 긍정적인 영향을 미친다. 학교 운동 경기에서 뛰어난 능력을 보여주면 다른 아이들의 칭찬을 받게 되고, 이것은 자아존중감을 높이는 계기가 된다. 학업 성적이 전부가 아니다. 다양한 분야에서 누구나 크든 작든 자신의 능력을 보여줄 수 있다. 우리 사회도 그러한 방향으로 발전하고 있다. 운동선수, 음악가, 과학자 등이 세계 무대에서 활약하고 있다.

나는 외국 학교를 방문하면서 다양한 과외 활동이 아이들의 자아존중감을 높여준다는 사실을 알 수 있었다. 한번은 작은아이가 다니는 미국 초등학교에서 음악회가 있었다. 생전 처음 클라리넷을 빌려 몇 번 연습했을 뿐인데도 참가할 수 있었다. 알고 보니 다른 아이들도 비슷한 수준이었다. 그런데도 학부모들이 모두 참석하여 서로 웃고 이야기하면서 아이들의 연습 과정을 즐겼다. 우리도 다양한 활동을 통해 아이들의 자아존중감을 높여주는 계기를 만들어야 한다.

중학생이 되면 '앞으로 나는 무엇이 될까'를 생각한다. 부모나 친척 또는 친구들끼리도 서로 물어본다. 자아존중감이 높은 아이는 좋은 직업을 목표로 삼아 노력한다. 그러나 자아존중감이 낮은 아이는 좋은 직업을 얻게 될 것이라고 기대하지 않는다. 직업 선택의 포부는 자아존중감과 상관이 있고, 자아존중감은 가정 환경의 영향을 받는다. 가정 환경은 빈부만을 의미하지 않는다. 어려운 가정 환경에서도 이를 극복하고 성공한 사례는 얼마든지 있다. "가난하다고 사랑이 없는 것은 아니다."

빈곤과 불평등에 관한 연구로 노벨경제학상을 수상한 앵거스 디턴Angus Deaton의 아버지는 광부였다. 디턴의 어린 시절, 아버지는 주말이면 도서관에 가서 자료를 수집하여 아이에게 전하고 격려하였다. 디턴은 아버지의 격려와 노력에 부응하기 위하여 노력하지 않을 수 없었다고 한다. 미국의 빈곤 가정에서 자라난 많은 아이들은 졸업식 축사 등지에서 학교 선생님의 격려와 조력 덕분이라고 감사를 표시하기도 한다. 이렇게 보면 가족과 학교, 사회 모두가 훌륭한 인재를 키우는 보금자리인 셈이다.

앞서 살펴보았듯 자신과 타인과 관계에 대해 끊임없이 고민하는 중학생 때는 긍정적인 자아 개념 형성이 아이 생활 전반에 영향을 미친다. 그렇다면 부모가 가정에서 아이에게 긍정적인 자아 개념을 심어주려면 어떻게 해야 하나? 부모의 따뜻함, 관심, 배려가 중요하다. 부모는 중학생인 아이의 건강한 자아정체성을 형성하는 데 결정적인 역할을 한다. 자녀에게 관심이 많고 충분히 배려하는 부모에게서 자란 아이는 자아존중감이 높다. 그리고 자아존중감이 높은 아이의 부모는 엄격하지만 일관성이 있으며, 높은 기준을 요구하지만 특별한 경우에는 어느 정도의 일탈을 허용할 정도로 융통성이 있다. 즉 따뜻함과 엄격한 훈육이 조화를 이루는 교육을 한다. 자아존중감 없이는 성공하기 힘들다. 긍정적인 자아 개념은 부모의 배려와 사랑을 먹고 자란다. 중학생에게는 무엇보다 자아존중감이 필요하다. 단순한 잔소리를 넘어 아이의 자아를 인정하는 대화가 필요하다.

어떻게 친구와 사귀고 놀 것인가

중학교에 입학하면 아이는 친구 사귀는 일에 가장 신경 쓴다. 초등학생 때까지는 같은 동네 친구들과 지내다가 중학교에 입학하면 각지에서 모인 다양한 또래와 지내야 한다. 부모님도 초등학생 때처럼 일일이 챙겨주지 않는다. 모든 일을 스스로 해결해야 한다. 학급 환경도 초등학교 때와 다르다. 초등학교에서는 1년 동안 담임 선생님이 일일이 보살펴주었지만, 중학교는 과목마다 선생님이 다르고 담임 선생님도 일일이 보살펴주지 않는다.

게다가 초등학생 때에 비해 공부해야 할 과목도 많고 내용도 어렵다.

이때 무엇보다 좋은 친구를 만나는 것이 우선이다. 그래야 새로운 환경에 적응할 수 있는 안정감이 생기기 때문이다. 마음이 맞는 친구는 자신을 이해하고 배려한다. 나 혼자가 아니라는 안정감이 생긴다. 누구에게도 말할 수 없는 것을 말할 수 있고, 서로를 잘 알며, 필요할 때 도울 수 있다.

초등학생 때는 부모와 형제에게 의존했다면, 중학생 때는 또래 친구에게 의존한다. 따라서 또래의 각별한 친구를 사귄다는 걸 절실한 문제다. 이러한 또래 의존도는 중학생 때 절정을 이룬다. 따라서 중학생 때 또래로부터 무시당하거나 거부당하면, 비행이나 약물 복용, 심하면 우울증에 빠지게 된다.

중학생 때는 자신의 능력이나 성격에 대한 확신이 없다. 자신이 어떤 사람인지 확립되지 않은 상태다. 따라서 이들은 주변의 평가에 따라 자신감을 얻기도 하고 잃기도 한다. 이럴 때 자신의 약점을 이해해주고 자신의 내면에 있는 것을 공유할 수 있는 친구가 존재한다는 사실만으로 안정감을 찾을 수 있다. 나아가 서로 격려하고 의지하면서 어려움을 극복한다.

그러나 요즘 중학생 중에는 친구 없이 홀로 지내는 아이가 많다. 부모가 맞벌이인 경우가 많고, 친구를 대체할 수 있는 수단이 많기 때문이다. 과외 문제 토론장에 나갔을 때의 일이다. 한 학자가 과외의 문제점을 지적하자, 방청석의 한 어머니가 "우리가 과외를 시키는 이유는 아이들을 돌볼 시간이 없기 때문입니다. 학교 수업이 끝나는 시간이 오후 3~4인데 우리 부부가 귀가하는 시간은 7시가 넘습니다. 나머지 시간에 아이들이 갈 곳이 없기 때문에 과외를 하고 학원에 보내는 것입니다"라고 하였다.

그렇다면 요즘 중학생은 하교 이후 시간을 어떻게 보내는가? 대부분은 학원에 갈 것이다. 학원에 다니지 않는 아이는 부모가 돌아올 때까지 시간을 때우기 위해 친구들과 어울려 특별한 목적 없이 돌아다닐 것이다. 혼자 있기를 좋아하는 아이는 집에서 텔레비전을 보거나 게임을 할 것이다. 그런데 문제는 텔레비전 내용이 대부분 선정적이고 폭력적이라는 데 있다.

게임에 몰두하는 것은 더욱 심각한 문제다. 우리 아이도 게임에 한번 빠지면 몇 시간이고 매달렸다. 이러한 상황은 중학생 때부터 고등학교, 대학교에 가서도 계속되었다. 심지어는 대학 졸업 후 취업 시험 준비 기간에도 게임을 멈추지 못했다. 초등학생 때의 공부로 중고등학생 때까지는 성적을 유지했으나 대학 성적이 좋지 않아 그 이후 진로에 문제가 생겼다.

아이들이 여유 시간을 잘 이용하게 하려면 어려서부터 길들여야 한다. 텔레비전을 보거나 게임을 하더라도 부모가 같이하며 좋은 습관을 길러주는 것이 좋다. 그러면 놀이를 가치 있는 것으로 선택하여 즐길 수 있게 된다. 이를 위해 부모는 여유 시간을 아이와 함께 보내기 위해 노력해야 한다. 아이의 친구 관계에도 관심을 갖고, 아이가 좋은 놀이를 하도록 장려할 수 있다면 더욱 좋다. 이웃의 부모와 협력하여 운동이나 놀이를 하는 것도 좋은 방법이다.

'인정받아야 한다'는 또래 관계의 난점

우리 아이는 초등학교 때 책을 많이 읽었다. 친구들과 같이 놀다가도 책에 빠지면 친구들이 없어진 줄도 모르고 책만 읽었다. 만들기에도 관심이 많아서 7~8시간 집중해 블록 맞추기를 하였다. 초등학생 때는 교과 내용이 단순하였고 분량도 많지 않아 수업 시간에 공부할 내용이 그리 많지 않았다.

아이는 중학교 2학년 때 학급회장 선거에 출마하였으나 실패하였다. 부회장이 되었으나 그것으로는 만족하지 못하였다. 3학년 때도 출마하였으나 실패하였다. 좌절한 것 같았다. 중학생 때의 이러한 경험은 자존감에 큰 영향을 미쳤다. 대학 시절, 동아리 활동을 자신이 주도하면서도 회장을 할 생각은 하지 못하였다. 자신이 친구들에게 인기가 없다고 생각하는 것 같았다.

중학교 2~3학년 때나 고등학생 때는 클럽 활동을 많이 한다. 특히 남학생들은 클럽 활동에 더 열성적이다. 클럽 구성원이 자신을 인정해주기를 바란다. 이는 클럽 활동에서의 문제만이 아니다. 학급에서도 친구들에게 인정받는 것은 상당히 중요한 문제이다.

어떻게 하면 아이가 속한 집단이나 학급 친구들에게 인기를 얻을 수 있는가? 우선 성인과 청소년은 인기 있는 사람의 기준이 다르다. 성인은 친절하고 관대한 사람을 좋아한다. 그러나 청소년은 주도적으로 활동하는 아이를 좋아한다. 유행을 선도하고 다른 아이들이 함께 있고 싶어 하는 아이가 인기가 많다.

자신이 속한 집단에서 인기를 얻기 위해서는 첫째, 같은 집단의 친구들과 행동을 같이한다. 그들만이 사용하는 은어를 쓰고, 유행하는 액세서리를 달고 다닌다. 중학생 때는 학교에서 한 가지가 유행하면 대부분 그것을 따른다. 여기서 벗어나면 따돌림을 당하기 때문이다. 둘째, 스포츠나 공부를 잘하는 집단에서는 성적이 우수해야 한다. 일반 학교에서는 수학이나 과학 성적이 우수한 아이들보다 운동을 잘하는 아이들이 더 인기가 있다. 그러나 영재 집단에서는 공부를 잘하는 아이가 인정받는다.

집단 구성원의 인기를 얻는 또 다른 방법은 교외 동아리에 가입하여 활동에 참여하는 것이다. 가장 인기 있는 학생이 되려면 교내 활동뿐만 아니라 다양한 교외 활동에도 참여하여 많은 경험을 쌓아야 한다. 자신이 겪은 많은 경험을 구성원에게 들려주고 정보를 제공하는 과정에서 자연히 인기를 얻게 된다. 청소년기에는 신체적 매력을 뽐내는 것 또한 인기를 얻는 방법이다.

최근 '왕따'나 '학교 폭력'이 문제시되고 있다. 특히 중학생 사이에서 많이 발생하고 있으며, 심한 경우 피해자 학생이 잘못된 선택을 하기도 한다. 가정과 학교의 사각지대에 놓여 또래 관계가 자신의 전부가 된 아이들은 나쁜 친구들에게 인정을 받기 위해 학교 폭력 가해자가 되기도 한다. 안타까운 현실이 아닐 수가 없다.

왕따나 학교 폭력을 당하는 아이들은 학급에서 인기가 없다. 자신을 괴롭히는 아이들에게 적극적으로 대항하지도 못하고 당하기만 한다. 이들은 내성적이며, 조용하고 수줍음을 많이 탄다. 친구가 없고 신체적으로도 약한 편이다. 더욱이 자신의 피해를 아무하고도 나누지 않고 오히려 숨긴다.

학급 아이 대부분은 괴롭힘을 당하는 아이를 방관하거나, 최악의 경우 학급 전체가 한 아이를 집단으로 괴롭히기도 한다. 이를 제지하려는 아이에게는 대단한 용기가 있어야 한다. 또래 집단과 홀로 대결해야 하기 때문이다. 자신들도 괴롭힘을 당할 수 있다는 두려움을 이겨내야 하기 때문이다.

이제 왕따나 학교 폭력은 학교의 문제를 넘어 사회문제다. 정부가 학교 지킴이를 파견하고 있지만, 그 효과는 미미하다. 부모와 학교의 협력으로 문제를 해결해야 한다. 부모가 먼저 관심을 가져야 할 것은 아이의 학교 성적이 아니라 아이의 심리적인 안정이다. 집단 따돌림이 일어나는 교실에서 정상적인 학습이 이루어질 수는 없다. 당연히 학업 성적도 나빠질 것이다. 특히 또래 관계가 학교생활에 많은 영향을 미치는 중학생 때는 부모들이 더욱 관심을 가져야 한다.

긍정적인 또래 관계를 이끌어내는 법

부모들은 아이가 중학교에 입학하면 친구들과 잘 어울리는지 걱정한다. 혹시 아이가 왕따를 당하지는 않는지 살피게 된다. 중학생 때는 초등학생 때와 달리 학교에서 보내는 시간이 많다. 그것은 아이가 또래와 지내는 시간이 많다는 것을 의미한다. 중학생에게는 또래들과 잘 어울리는 것이 공부보다 더 중요한 과제다.

아이는 또래와 어울리면서 새로운 사회생활을 시작하게 된다. 그동안 집에서는 부모의 지시를 받았고 학교에서는 교사의 지시에 따랐다. 그러나 또래들과는 수평적인 관계다. 그들과 잘 지내려면 상대방의 생각을 이해해야 하고 협력해야 한다. 가정에서의 부모나 먼저 태어난 형제와의 관계와는 다른 세계다. 자기의 생각과 상대방의 생각이 다르면 타협해야 한다. 상대방이 자기보다 나이가 많으면 그의 의견을 따라야 하고, 상대방이 자기보다 나이가 어리면 도와주어야 한다. 진정한 사회생활이 시작되는 것이다. 이러한 또래 간의 질서를 거역하면 왕따가 될 가능성이 높다.

부모와 또래 모두 아이의 사회성 발달에 중요한 기여를 한다. 부모와의 애착 관계는 아이가 사회생활을 하는 데 필수적인 안전 핀 역할을 한다. 또래와의 접촉은 아이의 사회성 발달에 기초가 된다. 또래와의 접촉을 거부당한 아이는 심한 경우 학교를 중퇴하기도 한다. 그렇기 때문에 부모와의 애착 관계 형성은 영유아기에 중요하고, 또래와의 긍정적인 관계 형성은 중학생 때가 중요하다. 반면 고등학생이 되면 또래 관계의 중요성은 줄어든다.

부모가 아이의 또래 집단 적응을 도울 수 있는 방법은 무엇인가? 우선 주거지를 잘 선택하는 일이다. 아이의 또래가 많이 거주하는 지역에 사는 것이 필요하다. 아이와 같이 놀 또래가 없는 곳에 주거를 정함으로써 아이가 또래의 일원이 되는 걸 낯설어하거나 기피하게 될 수도 있기 때문이다.

거주지 선택이 어렵다면 또래 아이들을 집으로 초대하는 것도 방법이다. 우리 아이가 다른 아이와 잘 어울리는지를 직접 관찰할 수 있기 때문이다. 그렇다면 부모가 아이의 놀이에 직접 간섭하는 것은 옳은가? '그렇지 않다'는 것이 정설이다. 사회성을 길러주기 위해 놀이 기회를 제공하는 것과 같은 간접적인 방법이 좋다고 한다. 아이에게 또래들과 접촉할 기회를 많이 만들어주고 간섭하지 않는 것이 가장 좋다. 아이가 또래와 놀다 집에 돌아왔을 때도 "잘 놀았니?", "재미있었니?" 등 간접적으로 물어보는 정도로만 개입하는 것이 좋다.

그렇다면 어떤 아이가 또래와 잘 어울리는가? 첫째, 통제나 지시를 받기보다 따뜻하고 공감 능력 있는 환경에서 자랐다. 이런 환경에서 자란 아이는 부모들의 태도를 닮는다. 따뜻하게 상대를 대하고 상대를 잘 이해하는 아이가 된다. 둘째, 성격이 모나지 않고 주체적이다. 기질이 충동적이고 까다로운 아이들은 또래로부터 거부당하게 된다. 반대로 행동이 느리거나 수동적인 아이는 또래들이 무시한다. 셋째, 인지력이 높아 자신의 역할을 잘 이해한다. 자신이 잘났다고 뽐내는 아이가 아니다. 넷째, 외모가 매력적이다. 다섯째, 조용하고 사교적이며 다른 아이들에게 친절하게 행동한다.

또래와 잘 어울리는 아이는 부모가 크게 관심을 가질 필요가 없다. 문제는 또래 집단에서 거부당하는 아이들이다. 일부 아이들은 자신을 과대평가하여 집단 활동시 관심을 받지 못하면 아이들을 비난하거나 활동을 중단시키기도 한다. 반대로 자신이 또래 집단에서 거부당할 것이라고 생각하여 위축되어 있으면 아이들의 괴롭힘 대상이 되기 쉽다.

또래 집단에서 거부당하는 경우에는 부모가 아이에게 긍정적인 관심을 갖고 있다는 사실을 느끼도록 해주어야 한다. 또래 집단에 잘 적응하는 아이는 또래 집단에서 어떤 활동이 이루어지는지 잘 관찰하고 그것을 하려고 한 다음, 또래들과 섞여 긍정적으로 참여한다. 부모는 이러한 과정을 참고해 또래 집단에서 거부당하는 아이에게 혼자가 아님을 일깨워주고, 따뜻한 말과 행동으로 조언하는 것이 좋다.

중학교라는 새로운 환경에서 다양한 또래와 새로운 관계를 맺는 아이를 보다 보면 부모는 아이가 또래들과 어울려 나쁜 행동을 하지는 않을지 걱정이 되기도 한다. 친사회적 행동을 권하는 또래 압력에 관한 동조는 연령에 따라 변하지 않는다. 그러나 반사회적 행동을 권하는 또래 압력에 관한 동조는 중학생 때 급격하게 증가한다. 나쁜 행동인 줄 알면서도 또래들이 권하면 따라

간다는 것이다. 매우 위험한 또래 현상이다. 이는 중학생 때가 가장 심하다 이후 감소한다. 부모들의 걱정은 바로 이러한 또래 분위기에 아이가 휩쓸리는 것이다.

    이 기간에는 부모가 권하는 가치 및 행동과 또래가 좋아하는 가치 및 행동의 차이가 가장 강하게 나타난다. 그렇더라도 자아정체감이 바로 선 아이라면 크게 걱정하지 않아도 된다. 삶의 어떤 면면에서 부모나 또래의 가치를 택할지 아이가 스스로 판단할 수 있기 때문이다. 주로 입는 옷의 스타일, 클럽, 사회적 이벤트, 취미, 여가활동의 선택 등에서 또래들의 영향이 크다. 그러나 학업 목표나 직업 목표 또는 다른 미래의 문제를 결정할 때 아이는 또래보다 부모의 의견을 존중한다.

    부모에게서 긍정적인 영향을 받은 아이는 또래 분위기에 휩쓸리지 않는다. 따뜻하고 너무 느슨하지도 않으면서, 일관성 있는 규칙을 지키는 부모와 지내는 아이는 부모의 뜻을 믿고 따른다. 건강하지 않은 또래의 영향을 받기보다, 그들과 가치를 공유할 수 있는 또래와 어울리게 된다. 반대로 부모와의 갈등이 심한 아이는 자연히 또래와만 어울리다 잘못된 판단을 하기도 한다.

영국에서
1년 동안 겪은 일

작은아이가 중학교 1학년 때, 조사할 자료도 있고 만날 사람도 있어서 영국에 아이를 데리고 갔다. 그런데 아이의 학교 입학이 만만치 않았다. 아는 교수가 추천하였으나, 교육청으로부터 학교 정원이 차서 받을 수 없다는 답이 돌아왔다. 학교에 가서 교장 면담을 요청하였다. 교장은 아이의 성적표를 가져오라 했고, 나는 아이가 미국에서 받은 성적표를 제출하였다. 다행히 성적은 아주 우수하였다. 성적표를 본 교장은 그 자리에서 입학을 허락하였다. 지역 교육청에서 반대했으나 교장이 허락하자 수용된 것이다.

그러나 또 다른 문제가 생겼다. 학교 근처에 집을 구할 수가 없었다. 학교가 많이 알려져 다른 지역에서도 이사를 오기 때문에 빈집이 없었다. 아이가 다닐 좋은 학교를 찾아다니는 일은 영국인이라 해서 우리와 크게 다르지 않았다. 할 수 없이 기차로 한 시간 걸리는 지역에 집을 얻었다. 오래된 아파트였는데 값은 비쌌다. 우리 아이만 그렇게 통학하는 줄 알았더니 더 먼 곳에서 통학하는 아이도 많았다.

나는 아이에게 영국 문화를 맛보게 하고 싶었다. 지금은 미국의 그늘에 가려져 있지만 영국은 오랜 전통이 있는 나라다. 특히 경제학 전통의 본산이며, 세계은행의 중심이다.

아이는 영국 아이들과 잘 어울려 다녔다. 도시 곳곳을 다니면서 여러 가지 경험을 하는 것 같았다. 미국인들이 집과 학교를 차로 오가는 방식이라면 영국인들은 도시 곳곳을 걸어 다니며 이웃과 친하게 지내는 모습이었다. 나는 미국에는 없는 유럽의 광장이 좋았다. 사람들이 모여서 이야기하고 친목을 다지는 모습이 보기 좋았다.

공부하는 내용도 미국과는 다른 것 같았다. 주로 선생님이 아이들에게 주제를 주고 답을 찾아보라는 방식이었다. 우리 아이는 주제를 받으면 신이 나서 대학 도서관에 가 자료를 찾고 자기 나름대로 논술을 작성하는 식으로 공부했다. 그리고 한 달에 한 번 학부모와 대화하는 시간이 있었다. 학교에 갔더니 학과 선생님이 모두 참여했고, 과목마다 선생님과 대화할 수 있었다. 학기 말에 성적표 한 장만 전달받는 우리와는 달랐다.

영국의 기차역에는 기차를 기다리는 사람을 위한 서점이 많았다. 주로 다양한 잡지를 팔았다. 아이는 기차를 기다리는 동안 여러 잡지를 즐겨 읽었다. 어떤 날은 술을 주제로 한 잡지를 읽고 저녁에 집에 와서 우리에게 무슨 와인이 좋은지 알려주었다. 우리는 주로 막걸리나 소주를 마시는 세대였기 때문에 아이가 권하는 대로 마셔보았다. 그때 마신 와인이 제일 맛이 좋았던 것 같다. 아이는 스포츠에 대한 관심도 많아서 영국의 하키나 승마 잡지도 많이 읽었다.

아이가 제일 관심을 보인 잡지는 〈이코노미스트〉였다. 한국에 와서도 정기 구독을 하겠다고 하였다. 나는 사실 그 잡지가 어떤 것인지 잘 몰랐다. 나중에서야 유럽을 대표하는 시사 전문 매체이자 지식인과 대중에게 폭넓게 읽히는 주간지임을 알았다. 미국 경제학자 폴 새뮤얼슨Paul Samuelson도 제자들에게 〈이코노미스트〉와 〈뉴욕타임스〉를 꼭 읽으라 권하였다고 한다.

영국에는 잠시 있었지만 거기서 많은 것을 보고 느꼈다. 아침에 일어나 밖에 나가면 가판대에 신문이 진열되어 있었다. 놀라운 것은 전 세계 주요 신문이 거의 망라되어 있었다는 것이다. 유럽의 학자들은 대부분 5개 이상의 언어를 구사한다는 말을 들었는데, 가판대에 진열된 신문을 보니 그 말이 수긍이 되었다. 그것은 유럽이 연합국가이기 때문이기도 했지만, 유럽의 교육제도 덕택이기도 했다. 영국은 초등학교에 입학하면서 프랑스어를 제1외국어로 배운다. 초등학교 5학년 때는 독일어를 배우고, 중학생이 되면 라틴어나 그리스어를 배운다.

우리는 중학교에 입학해서야 제1외국어로 영어를 배우기 시작한다. 이미 늦는다. 내가 초등학교 2학년 때부터 아이에게 영어를 가르친 것은 좋은 결정이었다. 저녁에 영국 국영방송 BBC를 보면 먼저 국내 뉴스를 전하고, 다음으로 유럽연합 뉴스를 전했다. 그다음으로 중요하게 다루는 지역인 미국, 중국, 일본, 한국 뉴스를 전했다. 나는 아이에게 중국어나 일본어 중의 하나를 가르쳐야겠다고 생각했다. 그래서 귀국하자마자 일본어를 가르쳤고, 그 결과는 상당히 좋았다. 우리나라도 이제 세계의 중심에 서 있다. 다양한 외국어를 공부해야 한다. 영어 하나로는 충분하지 않다.

무분별한
인터넷 사용의 위험성

지금 시대는 인터넷이 모든 정보를 주도한다. 인터넷을 모르고는 아무것도 할 수 없다. 그러나 인터넷을 무분별하게 사용하는 데 따른 심각한 부작용 또한 간과할 수 없다. 중학생 때 인터넷 사용이 과할 경우의 부작용은 다음과 같다. 첫째, 인터넷 사용이 아이의 언어 능력 발달에 걸림돌이 될 수 있다. 둘째, 인터넷 게임에 빠지거나 웹사이트의 정보를 맹신하여 나쁜 행동을 따라 할 수 있다. 즉 무분별한 인터넷 사용은 언어 발달, 특히 읽기와 쓰기 능력에 문제를 초래하고, 아이의 정서 발달에 장애물이 된다. 부모들이 심각하게 생각해야 할 문제다.

IT 업계의 선구자인 빌 게이츠도, 미국의 기업인 일론 머스크도 독서광으로 유명하다. 독서는 생각하는 과정이다. 독서는 저자의 논리를 이해하고 분석하여 새로운 생각을 얻는 과정이다.

정보를 피상적으로 받아들이기 바쁜 인터넷 사용 과정은 독서와는 다르다. 소크라테스는 플라톤에게 강의식 교육을 하지 말라고 하였다. 교육은 일대일로 해야 한다는 생각 때문이었다.

인터넷은 정보를 빠르게 전달하는 기능은 있지만 생각하게 하는 기능은 없다. 최근에는 인터넷 회사들도 재택근무를 줄이고 회사에 출근해서 일하라고 한다. 왜 그런가? 인터넷 정보는 일방통행이다. 필요한 정보를 주기는 하지만 '왜'에 대한 답은 주지 못한다. 공부는 '왜'로부터 시작된다. 배우고 생각하고 실험하고 결론을 내는 것이 공부하는 과정이다. 공자도 생각하지 않고 지식 습득만 하는 것은 아무런 의미가 없다고 하였다.

하버드대학을 방문했을 때, 교수들이 모여 수시로 토론하는 광경을 보았다. 혼자 인터넷을 통해서 얻는 정보만으로는 한계가 있기 때문에 모이는 것이었다. 인터넷 정보만으로는 육감을 통해서 얻는 감각적 정보 또한 얻을 수 없다. 감각적 정보는 인터넷이나 책을 통해서 얻는 지식보다 먼저 새로운 정보를 제공한다. 과학자들은 "과학은 감각을 통해서 얻은 상상력을 수학이나 실험으로 확인하는 과정"이라고 말한다. 새로운 것을 탐지하는 것은 상상력의 소산이라는 것이다.

반면 서울대학교 학생들의 글쓰기 실력은 매년 하락한다고 한다. 학생의 32퍼센트가 논리적인 글을 쓰지 못한다. 교수들은 학생들이 오지선다형 문제 풀기에 익숙해져 논리적인 문장은 쓰지 못한다고 하였다. 글을 쓰는 과정은 생각을 표현하는 과정이기도 하다. 당연히 무수한 퇴고의 과정을 거친다. 그러나 인터넷상에 글을 쓸 때는 다시 생각할 여유가 없다. 글쓰기는 마음과 연결된 것인데 퇴고의 과정도 없이 무턱대고 올린 글에 그저 다른 사람들의 반응을 기다리거나 거기에 집착하며 자신의 마음을 빼앗기는 경우가 많다.

우리 아이들은 컴퓨터나 비디오 게임에 쉽게 빠져든다. 폭력 영상물을 보는 것보다 더 무서운 것이 인터넷으로 하는 게임이다. 인터넷 게임에 빠지면 헤어 나올 수가 없다. 인터넷 게임으로 밤을 새우는 일이 비일비재하다. 중학생의 학교 공부에 결정적인 장애물이다.

부모들은 아이가 포르노-웹사이트에 연루되지 않았는지 의심한다. 그리고 성인인 채팅 상대와 만나 그들에게 이용당하지 않는지 걱정을 한다. 실제로 이러한 웹사이트에 연결되어 고통받는 아이들이 많다. 조직적인 범죄 사이트에 연루되어 고생하는 경우도 많이 본다. 사회적인 문제다. 정부의 방어 정책이 필요하다. 영국에서도 인터넷 범죄의 피해를 줄이기 위한 법을 만든다고 한다.

10대의 불안, 우울, 자해는 스마트폰과 SNS 중독의 영향이 크다. OECD 국가 중 한국은 우울증 발병률 1위이며, 10~20대의 정신건강 지표는 악화되고 있다. 어른들은 아이들이 밖에서 폭력을 행하는 것은 금하지만 인터넷을 통해 폭력에 물드는 것은 간과한다. 인터넷의 폭력성이 아이들에게 더 큰 영향을 미치고 있는데 말이다. 부모는 아이들이 자주 접하는 인터넷 콘텐츠에 관심을 가지고, 적극적인 대화를 통해 그들이 유해한 정보들 속에서 길을 잃지 않도록 세심히 지도할 필요가 있다.

6장

고등학교 :
삶의 방향을
선택하려면

큰아이가 고등학교에 진학하고 나는 처음으로 '학교 선택'이라는 문제 앞에 부모로서 깊이 고민하게 되었다. 아이가 어떤 학교에서 어떤 사람들을 만나고, 어떤 분위기 속에서 배우고 성장하느냐는 아이 인생에 생각보다 훨씬 큰 영향을 준다는 것을 알게 되었다. 공부는 아이 혼자서 하는 것이 아니라, 함께 살아가는 환경 속에서 하는 것이었다.

모든 부모는 아이가 잘 성장해서 좋은 환경에서 살기를 바란다. 그러나 아이의 교육은 이러한 마음만으로 가능한 것이 아니다. 이번 장에서는 이러한 나의 고민을 바탕으로 고등학생 시기의 아이에게 어떤 환경을 조성해주는 것이 좋은지, 부모는 어떤 역할을 해야 하는지 살펴보고자 한다.

어떤 고등학교에
보낼 것인가

나는 3년 동안 전국의 중고등학교 학생 3,500명을 대상으로 그들의 학업 성적이 과외, 학군, 가정 환경, 학교 환경 중 어떤 요인에 의해 결정되는가를 연구하였다. 연구 결과 과외는 지능 지수가 120 이상이거나 80 이하인 경우 효과가 없었다. 그리고 지능 지수가 중간 정도인 80~110인 경우에만 약 4퍼센트의 미미한 효과가 있었다.

학군은 학업 성적에 영향을 미쳤는가? 지방에서 도시로 이주하거나 같은 도시에서 소위 좋은 학군으로 위장 전입을 한 경우 모두 영향이 없었다. 가정 환경이 불리한 경우나 중학생의 경우에는 약간의 영향이 있었다. 그러나 초등학생과 고등학생의 경우는 도시 이주나 위장 전입 등이 모두 별다른 영향이 없었다. 고위직 관료나 부유층이 아이의 학군을 고려해 이동하는 것이 교육적으로 큰 효과가 없음을 알 수 있는 결과였다.

학업 성적에 영향을 미치는 요인은 연령에 따라 달랐다. 학자들의 연구 결과에 의하면 초등학생 때는 가정의 영향이 가장 컸다. 지능이나 학업 성적의 70퍼센트 이상이 초등학생 때 결정된다. 중학생 때는 지역 환경이 미미하게 영향을 미쳤다. 예컨대 지방 A 중학교 학생들의 인적 구성은 보통이었다. 그러나 이 지방사회를 이끌어가는 여러 학부모의 적극적인 협조로 학교가 열성적으로 학생을 지도하여 기대 이상의 결과를 얻었다. 지역 사회의 협조가 좋은 학교 환경을 만든 것이다.

그러나 고등학생의 경우는 학교가 결정적인 요인이었다. 좋은 학교에 입학하면 좋은 성과를 얻을 수 있었다. 학생이 능력이 있어도 학교 학습 분위기가 좋지 않으면 소기의 성과를 달성하지 못했다. 큰아이는 서울 강북의 일반 학교에 다녔다. 우리 부부는 '학교가 무슨 관계가 있느냐, 본인만 잘하면 되지'라고 생각했기 때문에 학교 선택에 신경을 쓰지 않았다.

중학생 때까지는 문제가 없었는데 고등학교에 입학해 문제가 생겼다. 학습 분위기가 나쁜 학교에 배정받은 것이다. 큰아이의 말에 의하면 수업 시간 중 반은 학습에 관심이 없는 아이들과 신경전을 벌여야 했다고 한다. 그 결과 자신의 능력에 못 미치는 시험 점수가 나왔다. 아이에게 미안했다. 그때 깨달았다. 적어도 고등학교는 아이의 능력에 맞는 학교를 선택해야 자신의 능력을 발휘할 수 있다는 것을.

그래서 작은아이의 고등학교 입학에는 좀 더 신경을 썼다. 특수목적 고등학교를 선택했다. 기대한 대로 좋은 결과를 얻었다. 두 아이의 지능 지수는 크게 다르지 않았다. 가정 환경도 다를 바 없었다. 거주 지역도 동일하였다. 작은아이가 다닌 고등학교는 서울 강남에 위치하지도 않았고 좋은 학원이 근처에 있지도 않았다. 다만 학교의 학습 분위기가 달랐다. 공부에 열성적인 학생들이 모여 있는 학교였던 것이다.

그렇다면 어떤 학교가 좋은가? 우리는 좋은 학교의 기준을 오해하는 경우가 있다. 우선 재정 상태가 좋은 학교가 교육을 잘한다는 것은 오해다. 지금은 모든 학교가 동일한 재정 지원을 받는다. 학급 학생 수도 대부분 20~30명 정도라 학습의 질에 영향을 미치지 않는다.

그렇다면 어떤 학교가 학습 효과가 높은가? 첫째는 학생 집단의 구성이 중요하다. 어떤 학생이 입학하느냐에 따라 학습 효율성이 달라진다. 지능이 높고 열심히 공부하는 아이가 입학한 학교의 학생들은 성과가 더 높다. 학급 분위기 또한 중요한 요인이다. 서로 격려하는 학급 분위기에서는 선의의 경쟁이 가능한 것이다. 지능이 동일한 경우 서울 강남 학군 학교의 학생보다 지방의 선발 집단 학생의 성적이 더 높았다. 고등학생의 경우 지역 차가 크게 문제가 되지 않는다는 것 또한 알 수 있다.

그러한 의미에서 '고등학교 평준화'는 실패한 정책이다. 인간의 능력 차이를 인정하지 않는 정책은 모두에게 해롭다. 우수한 능력을 지닌 아이는 자신의 능력을 발휘할 기회를 잃고, 보통의 능력을 지닌 아이도 자극을 받지 못하여 자신의 능력을 끌어올리지 못한다. 그 결과 지방의 우수한 아이가 서울로 모이고, 서울의 아이들은 학원에 다녀야 했다.

학업 성적이 우수한 학교의 학급 분위기는 다음과 같다. 첫째, 학교의 교육 목표를 학업에 둔다. 학생에게 과제를 내주고 검사하고 평가하는 절차를 거르지 않는다. 둘째, 교사들은 학습 지도에 집중한다. 행정적인 일에 시간을 허비하지 않는다. 수업 내용을 교사와 학생이 정확하게 이해하고 피드백을 주고받음으로써, 학생이 편안하게 학업에 집중할 수 있게 한다. 셋째, 교칙을 엄격하게 시행한다. 학생이 교칙을 어기면 교사에게 경고를 받는다. 넷째, 학교 교직원들이 한 팀으로 일한다. 교장을 중심으로 교사 모두가 교육에 전념한다.

일반 고등학교도 학교장의 지도력에 따라 아이들의 학업 성적이 달라질 수 있다. 교장을 중심으로 교사가 혼연일체를 이루어 좋은 학교를 만들려는 의지가 있다면, 어디서든 어떤 학교든 성공적으로 학생들을 가르칠 수 있다. 그러나 학교 자체의 노력만으로는 불가능하다. 학부모의 협조와 정부 정책이 합리적으로 조화를 이루어야 한다. 학교를 중심으로 교육이 이루어지도록 정부가 학교의 자율성을 허용해야 한다는 의미이다.

나는 미국의 명문 고등학교를 여러 차례 방문했다. 모두 학교장 중심으로 교사들이 일사불란하게 움직였다. 학생들의 수준도 높았고, 교사들의 수준도 높았다. 교사들은 모두 학위 소지자였다. 심지어는 교수보다 연봉이 높은 교사도 있었다. 전국에서 선발된 우수한 학생들이었지만 거기서 만족하지 않고 열심히 공부하였다. 교장의 말에 의하면 새벽 6시에 일어나 새벽 2시까지 공부하며, 전 세계 유명 대학 도서관도 자유롭게 이용할 수 있다고 한다. 우리도 이러한 학교를 만들어 세계적인 인재를 키워야 한다. 학교의 자율성을 보장하고, 교육부나 교육청의 권한은 축소해야 한다.

고등학생 때 공부 안 하면
평생 후회한다

　나는 지금 80대 초반이다. 하루에 3~5시간 정도 일할 수 있다. 그 이상으로 욕심을 내면 곧 무리가 온다. 2~3시간 정도 집중하고 나서 다시 책상에 앉으면 머리가 돌지 않는다. 즉 2~3시간 이상은 집중이 되지 않는다. 집중이 안 되면 공부를 할 수 없다. 책상에 앉아 있어도 시간만 보내는 것이다. 젊은 시절의 힘과 진취적인 태도가 중요한 이유다.

　고등학생 때는 힘이 가장 왕성했다. 학교 수업은 오전 8시에 시작되고 오후 5시에 끝났다. 하루에 6교시의 수업을 들었다. 나무 의자에 앉아 종일 수업을 받았으나 피곤한 줄 몰랐다. 집에 돌아와 식사가 끝나면 다시 책상에 앉아 공부하였다. 새벽 1시까지 공부하고도 정신이 맑았다. 공부한 내용이 머리에 명료하게 정리되었다.

　내 인생에서 그때처럼 집중이 잘될 때는 없었다. 성공한 사람들의 이야기를 들어보면 집중력과 근면성이 제일 중요하다고 한다. 순자도 같은 의미의 이야기를 하였다. 공부를 잘하는 비결이 꾸준함에 있음을 나는 선현들의 말과 그것의 실천을 통해 배웠다.

아침에 일어나 학교에 가고 저녁에 돌아와 공부하는 동안 나는 잡념이 없었다. 덕분에 공부에 집중할 수 있었다. 믿기 어렵겠지만 내가 고등학생 때 공부를 잘했던 비결 또한 노력과 집중력이었다.

한편으로 고등학생 때는 잡념도 많다. 고등학생 때 친구 중에 이성 교제를 하는 경우가 몇몇 있었다. 모두 중학교 때 공부를 잘하던 친구였다. 3학년이 되자 마음을 잡고 다시 학업에 충실하였으나 잘되지 않았다. 어떤 때는 친구 몸에서 한약 냄새가 났다. 약을 먹으면서까지 애를 썼으나 중도에 포기하고 말았다. 결국, 이들은 원하는 대학에 입학하지 못하였다. 재수를 했으나 그 결과도 좋지 않았다. 공부는 놀다가 다시 할 수 있는 것이 아니며, 꾸준히 노력해야 한다.

초등학생 때는 언어 능력과 수리 능력만 좋으면 노력하지 않아도 좋은 점수를 얻을 수 있다. 중학생 때는 그렇지 않다. 과학, 수학, 언어 등의 기본 원리를 공부하는 때다. 고등학생 때 배우는 것은 중학교 과정을 한 단계 높인 것이다. 즉 중학생 때 노력하지 않고 고등학교에서 좋은 점수를 얻는다는 것은 불가능하다.

더구나 대학 입학시험은 고등학교 수준에서 한 단계 더 높인 것이다. 대학수학능력시험은 교과 내용을 충실히 이해하고 응용하지 못하면 풀 수 없다. 초등학교·중학교·고등학교 단계에서 내용을 외우고 시험을 잘 보는 것으로는 충분하지 않다. 원리를 잘 이해하고 응용할 수 있어야 한다.

머리가 좋은 아이도 학습 목표를 확실히 하고 꾸준히 노력해야 성과를 얻는다. 지능은 기본 토대일 뿐, 노력 없이는 성공을 이룰 수 없다. 나는 야구나 배구 경기를 보면서 아무리 출중한 선수도 노력하지 않으면 안 되는구나 하는 생각을 하였다. 중도에 행실의 문제가 있어 쉬었다가 출전하거나, 몸에 부상을 입어 쉬다가 다시 경기장에 나오면, 그 선수가 옛날 같지 않다는 것을 느낀다.

다시 말하지만, 공부는 노력과 집중력이 필수다. 공부는 놀다가 해도 되는 것이 아니다. 수학자 허준이 교수는 "100리를 가야 하는데 50리 가다가 다시 시작하려면 50이 아니라 0부터 다시 시작해야 된다"고 하였다. 옛 선비들도 "가다가 쉬면 아니 감만 못하다"라고 하였다. 고등학생 때 누구나 겪는 수많은 유혹을 뿌리치고 공부에 전념하는 것은 굳은 의지가 필요하다. 물론 고등학생 때 공부에 전심전력으로 매달리는 것은 쉽지 않다. 누구나 이 '청춘의 강'을 건너야 한다.

대학 선택 이전에
정체성을 고민하라

　대학 입학을 준비하며 고등학생이 우선 고민하는 것은 대학 선택이다. 학부모나 학교는 학생의 점수에 따라 대학을 선택한다. 무슨 학과를 지원할 것인가는 그다음에 고민한다. 그러나 중요한 것은 학과 선택이다. 학과 선택은 학생의 진로와 관련되는 중요한 문제이기 때문이다. 내가 앞으로 무엇을 하고 어떻게 살 것인가를 묻는 정체성identity의 문제인 것이다.

　정신분석학자 에릭 에릭슨Erick Erikson은 정체성과 관계 있는 요소로 7가지를 꼽는다. 이를 참고해 고등학교 이후 진로를 어떻게 설정할지 생각해보면 좋겠다. 첫째, 앞으로의 자기 인생을 설계한다. 고등학교를 졸업하고 대학을 갈 것인지 취직을 할 것인지 결정하는 것이다. 둘째, 자신이 무엇을 할 수 있을지 고려한다. 그것은 자신감이 기초가 된다. 셋째, 자신의 능력을 시험하기 위해 다양한 경험을 한다. 넷째, 직업 선택 전 인턴 경험 등을 통해 자신의 능력을 시험한다. 다섯째, 직업 선택에서 성별을 따지지 말아야 한다. 남성의 직업과 여성의 직업이 따로 있는 것은 아니다. 여섯째, 사회에 나가면 지도하는 위치일 때도 있고, 지도받는 위치일 때도 있다. 어느 위치에 있든 사회 일원으로서 해당 직책을 잘 수용해야 한다. 일곱째, 자기 신념을 갖고 살아야 한다.

내 능력이 어느 정도이고 앞으로 어떤 직장을 선택해야 하는지, 그리고 어떤 철학을 갖고 살 것인지를 결정하는 데는 오랜 시간이 걸린다. 어쩌면 평생을 고민해야 하는 문제이기도 하다. 이러한 경험의 과정을 거치고 나면 한 인간으로서 무리 없이 살아갈 수 있는 정체성이 생긴다. 그러나 이러한 정체성을 완전하게 갖추고 사는 사람은 드물다. 공자도 10대에 공부하고 서른에 직장을 갖고, 마흔이 되어서야 정체성을 갖게 되었다고 하였다. 마흔에서야 '불혹不惑'의 경지, 즉 흔들리지 않고 자신의 길을 갔다는 것이다.

나는 정체성의 위기를 겪은 대표적인 세대다. 사회는 정치적 혼란으로 안정을 찾지 못하였다. 대학은 학생의 환경이나 재능과 관계없이 시험 점수로 선택하였다. 산업이 발전하지 못한 상태였기 때문에 직장도 한정되었다. 공무원이나 교직원, 은행원이 다였다. 자신의 재능에 맞는 직장을 구할 수가 없었다. 그리고 부모 대부분은 학교의 의견을 들을 수밖에 없었다. 나도 오랜 시간 혼돈과 시련을 겪었다.

전공과 재능이 일치하기는 쉽지 않다. 그런 면에서는 대학에서도 전공을 바꿀 수 있는 자유 전공제를 만드는 것이 좋다. 대학원 신입생을 학부 전공과 관계없이 선발하는 미국의 제도도 적절하다.

대학 선택은 전공이 주가 되어야 하고, 전공 선택은 돈이 아니라 재능을 고려하는 것이 현명하다. 재능 없는 일에 몰두하면 성공에 한계가 있다는 것이 전문가의 결론이고, 주변에서 자주 볼 수 있는 현실이기도 하다. 공부를 잘하는 아이가 자신의 재능과 관계없이 의학 계열이나 법학 계열 전공을 선택하는 것은 개인적으로나 국가적으로 매우 불행한 일이다.

대부분의 고등학생은 집과 학교를 오가며 제한적으로 생활하기 때문에 정체성을 확립하기가 쉽지 않다. 부모의 뜻에 따르거나, 부모의 뜻을 거부하고 자신의 가치관을 따르다가 혼돈을 겪기도 한다. 지금의 고등학생에게는 탐색의 시간이 필요하다. 친구나 선배, 교사와 상의하고, 많은 경험을 통해 자신의 정체성을 확보하는 노력이 필요하다. 누구도 대신할 수 없는 자신만의 문제이기 때문이다.

대학에 입학하면 더 많은 경험을 하고 가치관의 혼돈을 겪기도 하지만 차차 성숙해간다. 대학생이 되어서도 정체성을 확립하지 못한 학생이 80퍼센트라는 연구 결과도 있다. 누구나 시행착오 과정을 거치면서 정체성은 확립된다. 정체성이 확립되면 자기 소신대로 살아갈 수 있다. 자기가 선택한 직업과 자신의 철학을 갖고 옳고 그름을 판단하는 경지에 도달한다.

정체성이 확립된다는 것은 우선 나의 능력과 한계를 인정한다는 것이다. 그리고 사회적응 능력이 생긴다는 의미다. 내가 어떤 사람이고 사회적으로 얼마나 잘 적응하고 있는가를 알고 거기에 맞게 행동하는 것이다. 이는 개인적으로나 사회적으로 안정감을 찾게 되었다는 것을 의미한다. 자신의 능력을 의심하고 사회에 대해서도 무조건 적대적이지 않게 되었다는 것이다.

우리 사회는 민주화를 통해 학생들이 정체성의 위기와 혼란, 그리고 확립의 과정을 거쳤다. 수업을 거부하고 거리로 뛰쳐나가 정부에 항의하는 기간이 계속되었다. 대학생들은 부패한 권력과 잘못된 제도에 대해 강한 거부감을 보였다. 그것은 살기 좋은 사회를 꿈꾸는 젊은이의 이상이었고 정체성의 확립이었다.

전공 선택은
아무도 가르쳐주지 않는다

앞서 말했듯 대학 입학을 위해서는 대학이 아닌 전공을 우선 고려해야 한다. 대학 선택은 시험 결과로 결정되지만, 전공 선택은 다양한 요인이 고려되어야 하기 때문이다. 자기 능력과 흥미,

앞으로의 포부 등이 그것이다. 성공의 지렛대는 점수가 아닌 적성이다. 일류 대학 출신이라는 이력을 얻기 위하여 자기 적성에 맞지 않는 학과를 선택하는 것은 어리석다.

능력은 지능만을 의미하지 않는다. 그것은 자신이 잘 할 수 있는 분야를 선택하고 계발하는 것까지 포함한다. 수학을 잘한다는 사실 하나만으로 음악을 전공할 수는 없다. 충분한 자질이 있느냐가 중요하며, 이는 전문가의 조언이 필요한 부분이다. 적성검사 결과도 도움이 될 수 있다. 작은아이는 적성에 맞지 않는 전공을 선택하여 어려움을 겪었다.

초등학생 대부분은 과학에 흥미를 갖는다. 우리 아이도 초등학교 때 과학 서적을 많이 읽었고, 그 결과로 물리학자가 되겠다고 하였다. 그러다 중학생 때 경제학에 관심을 갖게 되었다. 역사서나 경제학 서적을 많이 읽은 영향이었다.

나는 경제학 교수들에게 경제학을 하려면 어떤 자질이 요구되느냐고 물어보았다. 대부분의 대답은 애매했다. 수학을 잘하고 글을 잘 쓰는 것이 중요하다고 하였다. 안타깝게도 작은아이는 수리 영역에 밝지 못했다. 그런데 학력고사나 대학수학능력시험 모의고사에서 받은 수학 성적은 상위권으로 나쁘지 않았다. 그러나 상대적으로 어학 능력이 수리 능력보다 월등히 높았다. 나는 법학대학에 갈 것을 권유했으나 아이는 완강하게 경제학과를 원했다.

문제는 여기서 끝나지 않았다. 대학에 입학해 막상 높은 수리 능력이 요구되자 아이는 어려움을 겪었다. 더 큰 문제는 당시 정부 정책이 문과생들에게 쉬운 수학만 배우게 했다는 것이다. 따라서 아이는 고등학교 3년 내내 일반 수학을 반복적으로 학습하였다. 이미 중학교 때 다 배운 내용이었다. 오직 틀리지 않기 위해 복습만 하였다. 나중에 예일대학교에서 1년 동안 공부할 때 그는 경제학과 학생들이 이미 고급 미적분을 다 배우고 왔다며 하소연했다. 결국, 작은아이는 경제학을 포기하고 법학전문 대학원을 졸업해 변호사를 하고 있다.

진로 발달 분야 학자 엘리 긴즈버그Eli Ginzberg는 "직업 선택은 한순간에 일어나는 것이 아니라 오랜 기간의 발달 과정"이라고 이야기한다. 11세에는 자기 능력이나 고용 기회를 고려하지 않고 단순히 자신이 원하는 직업을 선택한다. 11~17세에는 직업 선택 기준이 연령에 따라 몇 단계를 거쳐 변화한다. 첫 번째, 11~12세에는 단순히 자신의 기호와 흥미 중심으로 선택한다. 두 번째, 13~14세에는 직업의 보상 정도나 자기 능력을 고려하여 직업을 선택한다. 세 번째, 15~16세에는 자신이 중시하는 가치를 중심으로 선택한다. 네 번째, 17세에는 현실적으로 선택한다.

부모는 때로 자신이 원하는 직업을 아이가 선택하도록 강요한다. 그러나 아이의 재능이나 흥미를 고려하지 않고 강요하는 것은 불행을 자초하는 일이다. 긴즈버그의 말처럼 직업 선택 과정은 오랜 시간이 걸린다. 아이가 어릴 때에는 이것저것 시켜보면서 무엇을 잘하고 무엇을 못하는지 잘 살펴야 한다.

학교가 그런 역할을 담당해야 하지만, 우리는 아직도 그러한 준비가 되어 있지 못하다. 교사는 수업에 몰두하느라 학생들의 적성이나 진로 문제를 보살피지 못한다. 상담실이 있기는 하지만 더욱 위급한 문제를 지닌 너무나 많은 수의 학생을 상대하기 때문에 그럴 여유가 없다. 물론 학교 선생님 개인이 이러한 역할을 수행하는 사례가 없는 것은 아니다. 큰아이는 사회 선생님의 영향으로 사회학을 전공하게 되었다. 사회학은 아이의 적성에 잘 맞았고, 덕분에 별 탈 없이 사회생활을 할 수 있었다.

대학수학능력시험 준비는 어떻게 해야 하나

내가 만난 고등학교 3학년 담임 교사들은 "대학수학능력시험은 일종의 지능 검사다"라고 하였다. 대학수학능력시험은 학교 정규 시험과는 다르다. 앞서 말했듯 일종의 지능 검사와 같다. 학교 시험이 배운 내용을 잘 기억하고 있는가를 확인하기 위한 목적이라면, 대학수학능력시험은 지식, 이해력, 응용력, 분석력, 종합력, 판단력 등 소위 고등정신 능력을 측정하기 위한 목적이다. 즉 대학에서 공부할 수 있는 지적 능력을 갖추고 있는가를 평가하는 것이다.

작은아이는 학교에서 '큰 시험에 강한 아이'라고 알려졌었다. 즉 대학수학능력시험 모의고사를 잘 보는 아이라는 의미다. 아이는 고등학교 2학년 때부터 시작된 대학수학능력시험 모의고사에서 전국 상위 1퍼센트 점수를 유지하였다. 그 점수는 3학년 말까지 변하지 않았고 실제 대학수학능력시험 점수 결과도 비슷하였다. 서울대 법학대학은 전국 기준 대학수학능력시험 상위 50등 이내면 자체 시험을 보지 않고 선발했다. 작은아이는 그 점수 안에 들었으나, 아이의 고집으로 경제학과를 지원하였다. 하지만 면접과 논술 시험 점수가 낮아 실격하였다.

나중에 안 일이지만 당시 대학의 면접 시험이나 논술 시험에는 문제가 있었다. 면접 시험은 비전공 교수도 심사위원이 되었고, 논술 시험은 정답을 정해놓고 그 답에 맞는가를 묻는 형편이었다. 단시간에 많은 답을 처리해야 하기 때문이라고 하였다. 반면 영국 케임브리지대학에서는 면접을 9번 보아야 한다는 말을 들었다. 프랑스 대학 입학시험인 바칼로레아는 일종의 철학 시험으로 배운 내용을 기억하고 있는가를 묻는 것이 아니라 생각을 묻는 것이다. 독일 대학 졸업시험은 전공학과 교수 3~4명이 정해진 주제 없이 배운 내용을 모두 물어본다.

최근에는 우리 대학수학능력시험도 변화했다. 지문이 길어지고 내용도 지식이나 이해력을 넘어 종합과 판단 능력을 알아보는 식이다. 교육 과정도 통합 교육으로 변화했다. 우리가 공부하는 목적은 교과서를 외우는 것이 아니라 배운 지식을 써먹을 수 있는 능력을 키우는 것이다. 세상은 한 가지 지식만으로는 살아갈 수 없으며 모든 것은 상호 연관되어 있다.

한 가지 문제를 가지고 토론하다 보면 그것이 다른 문제와 연결되어 있다는 것을 알게 된다. 사회가 급격히 변화하고 있다. 그리고 다양한 분야가 서로 복잡하게 연결되어 있다. 다양한 분야의 사람이 서로 머리를 맞대고 토론하고 협의해야 하는 이유이다.

그런 의미에서 본다면 우리 학교 시스템은 아직 문제가 많다. 대학 공부조차 학생들이 교수의 강의를 듣고 시험을 보는 것으로 끝난다. 고등학교는 더 말할 것이 없다. 교과서 중심, 교사 중심의 수업이다. 토론이 없는 주입식 교육이 전부다. 작은아이가 다니던 고등학교에서 고전을 읽고 수업 시간에 토론하고 결과를 논술로 써보는 수업을 했는데 학부모들이 왜 입시 준비를 시키지 않고 쓸데없이 시간을 낭비하느냐고 학교장에게 항의하는 바람에 그 수업이 취소되었다. 나는 어이가 없었다. 집에서 내가 하는 수밖에 없었다.

나는 당시 우리 사회의 문제와 관련된 고전을 아이에게 읽게 하였다. 그리고 주말에 가족이 모여서 발표와 토론을 하였다. 정치, 경제, 사회, 문화 등 다양한 분야의 문제를 주제로 삼았다. 다른 아이들이 학원에서 시험 문제 풀이에 집중해 있을 때 책을 읽고 토론을 한 다음 자신의 결론을 글로 쓰게 하였다. 대학수학능력시험의 지문이 길고 내용이 복잡하여 어려움을 겪는 고등학생들에게 독서는 유익한 공부법이 될 수 있다. 독서는 글을 빨리 읽고 내용을 이해할 수 있게 하는 가장 확실한 방법이기 때문이다. 작은아이는 다양한 분야의 책을 읽으면서 대학수학능력시험에서 어렵다고 느껴졌던 통합 문제를 자연히 쉽게 이해할 수 있었다.

한국 유학생이 미국 대학에 잘 적응하지 못하는 사례가 많다. 학교를 그만두거나 옮긴다는 말도 들었다. 주어진 과제는 잘 처리하는데 토론 수업에는 잘 적응하지 못하는 것이 문제였다. 미국의 수업은 토론이 주다. 특히 대학원에서는 교수와 토론하는 것이 수업에서 중요한 부분을 차지한다. 물론 교수의 강의 시간도 있지만, 더 중요한 것은 자기 생각을 발전시키는 것이다. 우리 아이들도 고등학교 때 그런 수업을 할 수 있어야 한다.

아버지와의 토론으로
시험 점수를 높이다

작은아이는 고등학생이 되자 사회문제에 관심을 가졌다. 특히 정치에 강한 호기심을 보였다. 당시 우리 정치가 혼란스러웠기 때문이다. 아이의 학교는 버스를 타기도 그렇고 전철도 연결되지 않은 애매한 위치에 있었다. 나는 아이의 등하교를 3년 내내 책임지게 되었다. 아침 8시에 아이를 등교시킨 뒤 직장에 출근하였다. 그리고 특별한 일이 없으면 퇴근길에 하교하는 아이를 데리고 왔다.

보통은 아이가 아침 일찍 등교하여 저녁 늦게 하교하니 얼굴을 볼 시간이 없었다. 힘은 들었지만, 나는 그때를 작은아이와 대화하는 시간으로 삼았다. 아이도 보통 때는 속에 있는 말을 안 하다가 이 시간에는 학교에서 일어난 일이나 사회에 대한 생각을 이야기했다.

아이는 우리나라의 정치와 경제, 사회문제를 해결하기 위한 대안을 나에게 물었다. 나는 신문 사설 등의 자료를 발췌하여 두었다가 읽게 하였다. 그 일이 반복되면서 우리의 대화는 토론으로 이어졌다. 우선 우리 사회가 안고 있는 문제 중 정치 관련 문제로 토론 주제를 정했다. 그리고 그 문제와 관련된 자료를 찾아

아이가 읽고 주말에 가족 토론에서 발표하게 하였다. 당시 신문에는 헨리 키신저Henry Kissinger의 글이 많이 인용되었다. 나는 키신저의 대표 저서로 알려진 영문판《회복된 세계A World Restored: Europe After Napoleon》를 아이에게 읽으라고 했다. 아이는《회복된 세계》를 읽고 나니 당시 유럽의 정치 정세가 지도를 보는 것처럼 환하게 보이더라고 하였다. 아이를 가르친 보람을 느꼈다. 아이에게 투자한 시간이 아깝지 않았다.

아이는 우리나라 경제 문제에도 관심이 많았다. 나는 존 메이너드 케인스John Maynard Keynes가 쓴《평화 협정의 경제적 결과 The Economic Consequence of Peace》를 영문판으로 읽혔다. 아이는 케인스의 글에는 힘이 있다고 하였다. 이 책은 제1차 세계대전 전후 처리가 유럽의 경제에 어떤 문제를 가져왔는가를 설명한 것이다. 아이는 영국 잡지 〈이코노미스트〉를 정기 구독하고 있었기 때문에 경제학 지식도 상당한 수준인 것 같았다.

사회문제에 대한 관심도 많았다. 당시 '최저임금'이라든가 '복지정책'이 사회적인 이슈였다. 하버드대학 교수인 토드 부크홀츠Todd G. Buchholz가 쓴《죽은 경제학자의 살아있는 아이디어》가 인기였던 터라 아이에게 권했다. 더불어 경제도 정치·사회와 연결되어 있다는 점에 유의하게 하였다. 나중에 노동조합 문제도 같이 논의하였다.

이 이야기를 읽으면서 대학 입학시험 준비로 바쁜데 그럴 시간이 있느냐고 묻고 싶은 분이 많을 것이다. 실력은 초등학생 때부터 축적된다. 작은아이의 경우는 초등학생 때부터 영어 실력을 충실히 다져놓았고, 책을 많이 읽어서 사회 분야나 과학 분야 등의 지식이 탄탄히 다져졌기에 가능했다. 학원에서 하는 문제 풀이에만 익숙해서는 대학수학능력시험에서 좋은 점수를 얻을 수 없다. 대학수학능력시험은 고등정신 능력을 키워주는 지적 훈련이다. 거기에 가장 좋은 방법은 독서와 토론, 논술을 가정에서 익히도록 하는 것이다.

부모와의 관계가 성에 대한 태도를 만든다

초등학교에 입학하기 전 아이들은 혼자 노는 것이 즐겁다. 장난감이 있으면 그것으로 만족하고 온종일 혼자서 즐긴다. 초등학교에 입학하면 동성 친구와 노는 것을 즐긴다. 동성 친구가 없으면 소외감을 느끼기도 한다. 그러다 고등학생이 되면 이성에 대한 관심이 높아진다.

그러나 고등학생 때는 대학에 입학하는 것이 무엇보다 중요한 과제다. 우리 세대는 이성 교제가 대학 입학의 장애물이 될 수도 있었다. 그러나 작은아이를 보니 우리 때와는 조금 다른 것 같았다. 이성 교제를 하는 아이도 꽤 있었다. 작은아이는 교제하는 정도는 아니었지만, 같은 학급에 있는 이성 친구에 대한 이야기를 여러 번 하며 관심을 보였다. 그러나 대학 입학이 중요한 과제였기 때문에 적극적으로 이성 교제를 하지는 않았다. 그것은 학교의 분위기 때문인 것 같았다. 모두 열심히 공부하는 분위기였기 때문에 홀로 이성 교제를 하기 어려웠을 것이다.

사춘기 때 이성 교제를 하려면 용기가 있어야 한다. 마음에 있는 이성에게 말을 걸기는 쉽지 않다. 초등학교 때도 남자아이들이 여자아이들의 물건을 빼앗거나 여자아이들 노는 데 가서 훼방을 놓는 식으로 관심을 표시한다. 이러한 행동은 고등학생이 되면 좀 더 세련된 형태로 이어진다. 책을 빌려주고 이야기하거나, 영화를 같이 보거나, 어려운 문제를 어떻게 푸는지 물어보기도 하고, 동아리 활동을 같이하기도 한다.

사춘기 청소년은 부모로부터 독립하기를 원한다. 종종 부모와 논쟁을 벌인다. 논쟁은 주로 자기가 쓰는 방 정리, 늦은 시간의 귀가, 크게 음악을 틀어놓는 것 등 사소한 문제로 발생한다. 그러나 청소년은 이런 사소한 문제에 대해서도 민감하게 반응한다. 그것은 청소년기의 호르몬 변화가 원인이다. 호르몬 변화는 갈

등, 변덕스러움, 우울증, 안절부절못함의 부작용을 낳는다.

부모는 이러한 청소년기의 심리적·사회적 변화를 이해해야 한다. 친밀한 관계를 유지하기 위하여 인내하고 도움을 주어야 한다. 아이들이 알을 깨고 둥지를 떠날 시기가 되었기 때문이다. 특히 남자아이는 아버지의 도움이 절실하다. 좋은 학교에 보내고 비싼 과외를 시키는 것으로 끝나지 않는다. 아이들에 대한 끊임없는 관심과 배려가 있어야 한다.

우리나라 대부분의 청소년은 고등학교를 졸업하고 대학교에 입학하면서 사랑이 시작된다. 미국 청소년의 반수 이상은 고등학생 때에 사랑을 경험한다고 하지만, 앞서 말했듯 우리나라 청소년들은 고등학생 때 사랑하기 어렵다. 그러나 이성을 생각하는 마음은 있다.

첫사랑은 인생에서 가장 황홀한 시간이다. 무엇 하나 부러운 것이 없고 무엇이든 할 수 있다는 자신감을 갖게 한다. '사랑의 힘'이라고 할 수 있다.

그러나 첫사랑은 실패하기 쉽다. 아무도 알 수 없는 마음의 상처로 인해 심한 경우 자살에 이르기도 한다. 첫사랑이 실패하는 데는 다양한 이유가 있다. 우선 두 사람 모두 사랑을 할 줄 모른다. 사랑이 상대에 대한 배려라는 것을 모른다. 환상에 젖어 현실을 보지 못한다. 작은 일에도 실망하고 화를 내기 일쑤다. 상대방이 취업을 하거나 대학에 입학하면 새로운 현실에 처하게 된다. 두 사람만의 세계가 아닌 보다 넓은 세계에 발을 들여놓게 된다. 웬만한 이해력이나 포용력이 없이는 서로의 관계에 소홀해질 수밖에 없다.

실연은 상대방에 대한 배신감을 갖게 한다. 자신이 하는 일이나 학업에 집중하지 못하고 방황한다. 학교 수업에 소홀해지고 좌절감을 느낀다. 혼자 시간을 보내고 식사도 혼자 한다. 음악을 듣거나 영화를 보면서 헤어진 이성을 생각한다. 다시는 사랑 할 수 없을 것 같다는 생각에 빠진다.

부모는 이들의 슬픔을 과소평가한다. "너는 아직 어려서 사랑이 무엇인지 모른다. 시간이 지나면 좋아진다." "진정한 사랑은 더 많은 경험을 해야 알게 된다." "앞으로 정말 좋은 사람을 만나게 될 것이다. 이전 사랑은 잊어라."

부모는 아이의 슬픔을 이해할 수 있어야 한다. 대화를 통해서 아이의 감정을 같이 나눌 수 있어야 한다. 비슷한 경험이 있는 친구들과 경험을 나눌 수 있도록 도와주어야 한다. 시간이 지나면 아픔도 사라진다는 것을 설득해야 한다. 부모의 경험을 솔직하게 토로하는 것도 도움이 된다.

첫사랑의 아픔이 아물면 다른 사람과 데이트를 즐기게 된다. 데이트는 이성 간의 만남이다. 데이트를 통해 여러 분야의 사람을 만나고 잘 지내는 법을 익힌다. 사회생활에 필요한 예절을 익히는 기회가 된다. 데이트 기간에는 성적 접촉도 이루어진다. 그러나 데이트는 종종 부모와 갈등의 소지가 될 수 있다.

요즘은 데이트 폭력이 심각한 사회문제가 되었다. 일부 남자아이들은 상대가 원치 않는 성적인 행동을 강제로 한다, 소위 성폭력이다. 여자아이들도 자신에게 상처를 준 상대에게 보복하기 위하여 폭력을 사용하는 사례가 있다. 심한 욕을 하거나 발로 차는 행위 등이다. 데이트 폭력은 반복될 위험이 있다. 엄격하게 통제되어야 한다. 부모의 강한 경고와 주의가 필요하다.

청소년의 성에 대한 인식과 행동은 부모와의 관계에서 형성된다. 긴밀하게 소통하고 따뜻한 관계를 맺는 부모에게서 자란 아이는 절제하고 성교를 삼가고 더 적은 수의 성적 파트너를 갖는다. 10대 아이는 부모가 갖는 가치관이나 행동에 영향을 받기 때문이다.

가정의 규칙이나 귀가 시간을 정해 행동을 조절하고 모니터하는 부모의 아이는 성적으로 문제를 일으키지 않는다. 자신의 성에 대한 가치관에 대해 명확하게 말하는 부모는 아이의 성교를 늦추고 더 적은 수의 성적 파트너를 갖게 한다. 특히, 성에 대한 과장된 묘사나 상상력을 불러일으키는 콘텐츠를 조심해야 한다. 요즘 아이들은 가정이나 학교 외에도 음란 서적이나 인터넷, 영상물을 통해 많은 성적 정보를 얻는다. 부모 입장에서 아이에게 올바른 성적 지식을 전달하는 것이 필요하다.

성에 대한 지식이 없으면 성적 욕구를 잘못된 방향으로 해소할 수도 있다. 친구들과 성에 대한 음담패설을 하고, 성적 실험을 하기도 한다. 그 결과로 성병, 사생아, 낙태, 혼외 임신 등의 문제가 생길 수도 있다. 올바른 성교육이 필요하다는 것은 알고 있으나 아무도 이 문제를 해결하지 못하고 있다. 학교의 성교육도 현실적으로 큰 효과가 없다. 결론은 부모의 책임이라는 것이다.

가정에서 도덕성을 기르는 방법

청소년은 자신의 행동이나 생각이 옳다고 생각한다. 가치관이 향하는 대상은 나의 행동으로부터 시작하여 사회현상으로 확대된다. 정치나 사회 영역에서 벌어지는 각종 부조리를 생각하고 비판한다. 요즘은 세계가 한 울타리가 되면서 세계 각국에서 벌어지는 일이 모두 평가의 대상이 된다. 정보의 홍수 속에서 살아가는 요즘 청소년은 옳고 그름에 대해 더욱 예민해지고 있다.

청소년은 옳고 그름을 판단하는 기준을 어떻게 학습하는가?

청소년은 주변 환경의 영향을 받는다. 부모나 친구에게서, 쉽게 접할 수 있는 인터넷에서 정보를 얻고 판단한다. 사회가 발달하면서 다양한 문제가 많이 발생하고 이를 해결하는 방법도 각기 달라서 청소년은 혼란에 빠지기도 한다. 특히 정치 문제가 그렇다. 가족이 모이면 성인과 청소년의 의견이 첨예하게 대립한다. 요즘에는 정치 문제나 종교 문제는 이야기하면 서로 사이만 나빠지니 어디서든 꺼내지 말라고까지 한다.

청소년기의 도덕성 발달은 부모의 영향이 절대적이다. 아동기에서 청소년기로 넘어가는 시기에 부모는 핵심적 역할을 한다. 주로 사회·종교·정치 문제에 민감한 시기다. 청소년은 사회적으로 곤경에 처한 사람에 대한 공감 능력이 절대적이다. 이렇듯 민감한 시기에 부모는 어떻게 대응해야 하나?

첫째, 부모와 자식이 서로 신뢰하고 존중하는 따뜻하고 수용적인 관계가 이루어져야 한다. 아이는 부모의 사랑을 충분히 받고 자라면서 타인을 배려하는 태도를 배운다. 부모와 자녀가 정서적으로 애착 관계를 형성하고 가능한 한 많은 접촉이 이루어지면 아이의 도덕성 발달에 긍정적인 영향을 미친다. 둘째, 아이와 자주 만나서 대화를 나누어야 한다. 이때 중요한 것은 아이를 인정해주는 만남이어야 한다. 그렇지 않으면 만나지 않는 것만 못하다. 부모가 대화의 물꼬를 트고 아이를 참여시킨다면 긍정적인 효과를 얻을 수 있다. 나는 주말마다 가족회의를 하였다. 가족의 일에서부터 국가나 사회 문제까지 다양한 주제를 놓고 격의 없이 토론하였다. 셋째, 자라나는 아이는 부모의 훈계와 지도가 필요하다. 부모의 훈계에는 일관성이 있어야 한다. 아이가 잘못한 일이 있다면 분명하게 설명하여 이해할 수 있게 해야 한다. 통제하는 방법은 온당치 않다. 잔소리를 자주 하거나 물리적 처벌을 가하는 방법은 부정적 결과를 낳는다. 거친 처벌은 아이의 반감을 불러오고 적대적이고 반사회적인 행동을 불러온다. 반대로 지나치게 허용적인 태도도 부정적인 효과를 가져온다. 넷째, 부모가 본보기가 되어야 한다. 아이는 부모의 행동을 모방한다. 아이는 부모의 행동에 매우 민감하다. 아이가 모르리라고 생각하면 안 된다. 나의 경우에는 어머니가 나의 본보기였다. 평생 어머니와 같은 인품을 갖추기 위해 노력했다. 그렇게 되지는 못했지만, 어머니가 나의 삶의 표준이었다. 다섯째, 아이가 도덕적 판단을 독립적으로 할 기회가 있어야 한다. 모든 일에는 연습이 필요하다. 시키는 일만 해서는 능숙해지기 힘들다. 도덕적 행위도 스스로 연습을 통해서 길러야 한다.

  도덕성 발달은 가족 외의 또래나 다양한 영상물의 영향 또한 받는다. 우리 아이가 좋은 친구를 사귀기를 바라는 것은 모든 부모의 욕심이다. 그러나 좋은 친구를 만날 확률보다는 나쁜 친구를 만날 확률이 높다. 학교는 다양한 아이가 모이는 곳이다. 모범생은 대부분 혼자 지낸다. 약간 겉멋이 든 아이들끼리의 유대가 더 끈끈하다. 가족 간의 유대가 더 강화되어야 하는 이유다. 가족 간에 흉허물이 없는 대화가 이루어지면 그러한 친구 관계의 위기를 극복할 수 있다. 아이는 학교에서 벌어지는 일을 부모와 상의할 수 있어야 하기 때문이다.

자극이 심한 영상물은 청소년기 아이에게 치명적인 해가 될 수 있다. 요즘에는 폭력성이나 청소년의 성적 욕구를 자극하는 영상물이 차고 넘친다. 이러한 문제를 극복할 수 있는 사회적 합의가 이루어지지 않는 한 가정에서 교육이 이루어질 수밖에 없다. 좋은 내용의 콘텐츠를 선택하여 가족이 모두 즐길 수 있어야 한다. 영상물을 같이 보면서 서로 의견을 나누는 것도 좋은 방법이다. 좋은 내용을 자주 보면 질 낮은 내용은 시시해진다. 아이에게 좋은 콘텐츠를 선정할 수 있는 안목을 키워주어야 한다.

국제화 교육은
왜 필요한가

젊은 시절의 해외 유학 경험

우리는 국제화 시대에 살고 있다. 혼자 결정할 수 있는 것이 없다. 정치, 경제, 사회, 문화 등 모든 분야가 서로 엮여 있다.

사회도 급격히 변화하고 있다. 우리나라에 이민 온 외국인이 100만 명 이상이다. 앞으로 많은 사회 갈등이 발생할 텐데, 이는 최근 미국에서도 벌어지고 있는 일이다. 다양성을 인정하고 존중하는 자세가 더욱 중요해지고 있다. 문화적인 변화도 급격하게 이루어지고 있다. 우리 음악가들은 이미 세계적인 반열에 올라섰다. 성악가 조수미, 피아니스트 조성진과 임윤찬 등이 국제무대에서 이름을 날리고 있다. 축구선수 손흥민은 세계적인 스타가 되었다.

나는 농경시대를 살아왔다. 지금에 비하면 대학도 수준이 뒤

떨어지는 시대였다. 새로운 학문에 대한 이해도가 낮았다. 그래서 대학을 졸업하고 한참 후인 1974년에 미국 유학을 떠났다. 오레곤주의 작은 학교였다. 학교 기숙사는 두 명이 방을 같이 방을 쓰는 구조였다. 나는 영어로 이야기하는 기회를 많이 얻고 싶어 미국인과 같이 지낼 수 있는 방을 선택하였다.

  1년 동안 그 친구와 지내면서 많은 것을 배웠다. 하루는 그 친구가 나에게 연극제에 올 수 있느냐고 물었다. 자기가 출연한다는 것이었다. 가보니 그 친구의 역은 "악" 하고 소리를 지르면서 무대 끝에서 다른 끝으로 뛰어가는 것뿐이었다. 나는 어안이 벙벙하였다. 그렇게 단순한 역을 맡고도 그는 대단히 자랑스러워했다. 작은 역을 맡고도 정성을 다하는 것을 보면서 많은 반성을 하였다.

  나는 일부러 기숙사 식당만 이용하였다. 미국 식단에 익숙해지기 위해서였다. 처음에는 미국 학생들과 같이 먹었다. 그런데 차츰 나를 피하는 것이었다. 할 수 없이 혼자 다녔는데 나중에 학생 대표가 와서 식사 방식을 바꿨으면 좋겠다고 하였다. 너무 소리를 낸다는 것이었다. 나는 창피하기도 하고 자존심도 상하였다. 나중에는 미국 학생들이 식사를 마칠 때쯤 혼자 식사했다.

  국제화 시대에 적응하기 위해서는 언어뿐만 아니라 그들의 관습도 익혀야 한다. 나는 그들의 관습을 따르기가 힘들었는데, 작은아이는 미국과 영국에서 지낸 경험이 있어 외국 대학 생활에도 잘 적응했다. 외국 아이들과 같이 공부하고 돌아다니면서 외국 생활에 익숙해지는 것 같았다. 나는 아직도 외국인을 대하는 것이 불편하다. 대화도 익숙하지 않지만 그들의 생활 습관이 나에게는 낯설다. 같이 있으면 불편하다. 우리 다음 세대는 이러한 문제를 극복해야 한다.

손녀가 겪은 미국 학교 입학과 졸업 과정

자녀를 외국으로 유학 보내려는 부모들을 위해 손녀딸이 미국 학교에 다닌 과정을 소개하려고 한다. 우선 부모들이 주의할 점은 부모 없이 아이만 유학 보내는 것은 매우 위험하다는 사실이다. 특히 초등학생은 부모와 같이 가야 한다. 초등학생 때 보호자 없이 외국에 보낸 경우 적응에 실패하는 사례가 많다.

　손녀는 세 살때 엄마를 따라 미국에 갔다. 엄마가 유학생으로 바빴기 때문에 손녀를 유치원에 입학시켰다. 다행히 손녀는 아무런 어려움 없이 유치원에 적응하였다.

　유치원에 입학하면서 곧 영어가 익숙해졌고, 얼마 지나지 않아 영어책을 즐겨 읽게 되었다. 내가 유치원을 따라갔더니 나를 데리고 다니며 안내하였다. 친구들에게 나를 자랑스럽게 소개하였다. 손녀가 쉽게 적응한 것은 첫째로 엄마와 함께 있었기 때문이다. 둘째는 외국인이 영어를 공부하는 적기인 2~3세에 미국에

갔기 때문이다. 셋째는 손녀가 아직 어려 미국 아이들이 편견 없이 잘 대해준 덕분이다.

초등학교에 입학해서는 아주 잘 적응하였다. 독서를 좋아하여 도서관을 자주 드나들어 도서관 상을 받기도 하였다. 책을 많이 읽고 공부도 잘하니까 선생님들의 사랑도 받았다. 친구들과도 잘 지냈다. 초등학교 때까지는 이민족이라는 거리감이 없이 지냈지만, 중학교에 가면서는 미국 아이들과 멀어졌다. 손녀도 그런 분위기를 느끼는 것 같았다. 문제는 학교 수업이 끝나고 나서였다. 끼리끼리 놀고 손녀를 끼워주지 않았다.

나도 미국 유학 시절 경험이 있어 손녀가 잘못될까 봐 걱정스러웠다. 나는 손녀가 한국인으로서 긍지를 갖고 살게 해야겠다고 생각하였다. 그래서 손녀에게 초등학교 국어 교과서와 사회 교과서를 매일 읽고 쓰게 하였다. 한국 언어와 역사를 공부하는 것이 필요하다고 생각했기 때문이다. 그러나 4학년 교과서는 손녀에게 맞지 않았다. 단어가 어려워 손녀가 이해하기 힘들었다. 현장 교사들의 말을 들어보니 외국에서 살다가 4학년 이후 귀국하면 교과 과정을 따라갈 수 없다고 하였다.

나는 손녀가 방학 때 한국에 오면 꼭 한국 학교에 전입시켰다. 손녀는 너무 즐거워하였다. 미국 학교에서 겪는 어려움을 떨쳐버릴 수 있었기 때문이다. 손녀는 방학 기간에 한국 학생들과 아주 재미있게 지냈다. 사람은 자신이 출생한 곳으로 돌아오면 어머니의 품과 같은 편안함을 느낀다. 어린 손녀도 그런 분위기를 느끼는 것 같았다.

아이들을 외국인 학교에 보내는 부모에게는 영어가 전부가 아니라는 것을 당부하고 싶다. 한국어를 탄탄하게 가르친 다음에 외국어를 가르치라는 것이다. 왜 중국인이 미국에 살면서 '차이나타운'을 만들었는가를 생각해보라. 왜 한국인들이 '코리아타운'을 만들었는가를 생각해보라. 우리의 말과 풍속과 이웃이 그리운 것이다. 외국어를 배우고 외국 문화를 수입하되 우리 문화와 우리 언어의 토대 위에서 받아들여야 한다. 어느 나라에 살든 '국제 미아'가 되는 슬픔을 겪지 말아야 한다.

손녀는 중학생 때 미국의 지역 공립학교에 입학하였다. 성적도 좋았고 학교 활동에도 적극적으로 참여하였지만, 아이들과 개인적인 친분은 쌓지 못하는 것 같았다. 내가 미국에 만나러 가면 종일 손녀의 친구 노릇을 해야 했다. 나는 손녀를 데리고 여기저기 여행을 다녔다. 엄마는 일로 바빠서 딸을 돌볼 틈이 없었다. 미국도 공립학교는 우수한 아이들이 공부하기에 교육 과정이 다양하지 못했다. 손녀는 학교 공부에 흥미를 잃은 것 같았다.

다행히 고등학교는 사립학교에 입학하게 되었다. 등록금이 4만 달러 이상이어서 엄두가 나지 않았지만, 장학금을 받게 되었다.

3년 동안 20만 달러의 장학금을 받았다. 여름 방학에는 아프리카를 방문하는 기회도 있었다. 미국은 이런 장학금이 많다. 능력만 있으면 공부할 기회가 얼마든지 있다. 학교 프로그램은 일반 공립학교와는 비교할 수 없을 정도로 다양하였다. 특히 개인적인 활동을 할 수 있는 반경이 넓었다. 이런 활동은 학교 성적과 함께 대학 입학 사정에서 중요한 자료가 된다. 우리처럼 학교 성적과 대학수학능력시험 성적만으로는 좋은 대학에 진학할 수 없는 것이다.

손녀는 고등학교 성적도 좋고 특별 활동도 많이 하였다. 문제는 미국의 일류 대학에 입학하는 것이었다. 큰아이도 대학교수였지만 대학 입학에 대한 정보가 부족하였다. 뉴욕에서 학원을 하는 친구에게 도움을 받았다. 학교 성적이나 입학시험 점수는 좋았지만, 일류 대학에 입학하는 것이 어려웠다. 중국과 인도 학생이 아시아에 배정되는 수를 다 차지하기 때문에 다른 아시아 국가 학생에게 배정되는 수는 극히 적었다. 손녀는 조지타운대학에 장학생으로 입학하였다.

이후 성인이 된 손녀가 미국 국적을 받아야 하는 시점에 이르렀다. 손녀가 잠시 망설이더라는 말을 듣고 나도 가슴이 뭉클하였다. 어려서 한국을 떠났지만, 모국에 대한 애착이 잠재되어 있는 것 같았다. 앞으로 손녀가 자신의 길을 당당히 걸어가길 바랄 뿐이다.

문화의 뿌리인 언어를 배워야 한다

나는 영국에 가서 유럽 사회를 다시 보게 되었다. 국제회의가 열리면 학자나 사회 지도층은 자유롭게 외국어를 구사하였다. 영어와 프랑스어는 기본이고 독일어와 러시아어까지 다양하게 섞어 쓰는 것을 보고 놀랐다. 미국은 영어 이외에 다른 언어를 잘 쓰지 않는다. 지식인들이 다양한 외국어를 학교에서 가르쳐야 한다고 해도 잘 받아들여지지 않는다.

사실 우리나라나 일본, 중국도 크게 다르지 않다. 동양 3국은 경제적으로는 발전했지만, 문화적으로는 아직 멀었다는 생각을 한다. 우리 경제는 더구나 미국과 일본의 기술적 도움과 중국 시장 덕에 겨우 여기까지 왔다. 기술이나 시장은 문화적 전통의 뿌리에서 나오는 것이다. 그리고 그 문화는 국제화되고 있다. 우리는 그 문화의 뿌리인 언어를 배워야 한다.

나는 대학 때 한문 고전을 좋아하였다. 《논어》, 《맹자》, 《장자》를 번역본으로 읽었다. 그런데 한문 공부를 하고 나서 원본으로 《사서四書》를 읽으니 와닿는 것이 전혀 달랐다. 대학원에서는 한시 대가인 선생님에게서 사마천의 《사기史記》와 《주역周易》을 공부하였다. 나는 사마천의 《사기》가 왜 그렇게 유명한지 처음으로 알게 되었다.《사기》에서는 글자 한 자를 더하거나 빼도 글이 망가졌다. 공자가《주역》을 요약한 〈계사편〉이나《논어》를 읽으면서도 한문의 깊이를 느끼게 되었다.

유학을 하면서 미국 교수나 학생들에게 "So, What(그래서, 뭐)?"이라는 말을 자주 들었다. 그들의 관심사는 "그것이 어떤 효과가 있느냐"였다. 미국인들은 실용적인 사고를 중시하였다. 영어로 쓰인 논문은 주로 실험이나 설문조사로 꾸려진다. 그런데 영국에 가서 자료를 조사하니 미국과는 달랐다. 역사나 사회적 배경이 무엇이고 그것이 어떻게 발전했는지를 주로 물었다.

나는 대학 때 프랑스어를 공부하였다. 장자크 루소와 알퐁스 도데의 글을 읽으면서 프랑스어의 아름다움을 맛볼 수 있었다. 프랑스어의 명성과 음악성을 맛볼 수 있는 작품들이었다. 특히 도데의《아를르의 여인》을 읽던 감동은 지금도 피부로 느껴진다. 황금빛 농촌 풍경에 놓인 남자 주인공의 절망적인 모습은 처절할 정도였다. 마지막에 새벽녘에 창문으로 뛰어내리는 정경은 지금도 눈에 선하다.

한문이나 영어, 프랑스어를 공부하면서 나의 감정이나 사고의 폭이 많이 넓어졌다. 원본으로 읽지 않고는 느낄 수 없는 것들이 많았다. 나는 미국에서 5년간 교육학을 공부하고 돌아왔는데 첫 강의 시간에 전문 용어를 한국어로는 대체할 말이 없어서 영어를 쓰게 되었다. 학생들의 불평이 많았다. 영어로 공부하던 내용을 한국어로 표현할 수 없는 것은 우리 문화와 미국 문화가 다르기 때문이다. 두 문화를 통합하여 새로운 문화를 발전시킬 수도 있다. 그러나 한 나라의 문화적 전통은 쉽사리 사라지지 않는다.

박경리의 《토지》를 프랑스어로 번역하려고 하였으나 결국 실패하였다고 한다. 도저히 번역할 수 없는 부분이 있었다는 것이다. 그것은 말의 문제가 아니라 한국인의 감성을 프랑스 언어로 표현하지 못하는 문제였다. 최근 미국에서 한국어를 가르치는 교수 또한 번역은 단순히 단어를 옮기는 것이 아니며, 그 문화의 맛을 알아야 제대로 된 번역을 할 수 있다고 하였다. 외국인이 한국 소설을 번역하려면 한국의 문화를 알아야 한다는 것이다.

우리가 가야 할 길은 이러한 다양한 문화를 이해하고 그 이해의 폭을 넓히는 것이다. 그 과정은 우리의 토양 위에서 자라되 우리가 갈고 닦아야 한다. 자르기도 하고 물을 주기도 해야 한다. 그래야 결국 우리 것이 된다. 우리는 성공적인 개화기를 겪기도 했지만, 우리 것을 모두 버리는 어리석은 선택도 자주 하였다. 문을 열고 새로운 것을 받아들여야 한다. 그러나 뿌리째 바꾸어서는 안 된다.

외국어 공부는 우리에게 새로운 것을 느끼고 생각하게 한다. 외국어 공부는 우리가 새로운 세계로 들어가게 한다. 외국어를 공부하는 것은 단지 외국과의 무역이나 기술을 받아들이기 위한 것이 아니다, 문화를 배우는 것이다. 그런데 최근 프랑스나 독일과의 교류가 뜸해졌다고 대학에서 관련 학과를 폐지하고 있다. 대학의 외국어 학과는 통역사를 양성하는 기관이 아니다. 그 나라의 문화를 수입하기 위한 것이며, 이는 언어 교육으로 이루어진다. 외국어 공부는 외국어를 배우기 위한 것이 아니라, 우리 문화를 살찌우기 위한 것이다.

7장

내가 물려받은
교육 유산

아이를 키우다 보면 누구나 한 번쯤 들어봤을 법한 속담이 있다. "세 살 적 버릇이 여든까지 간다." 어린 시절의 작은 습관이나 행동이 평생을 좌우할 수 있다는 뜻이다. 나 역시 할머니의 깊은 사랑 속에서 자랐지만, 그 사랑이 때로는 지나친 보호로 이어져 자립심을 키우는 데 어려움을 겪기도 했다.

어린 시절의 경험은 인생 전반에 큰 영향을 미친다. 이번 장에서는 내가 부모와 조상으로부터 이어받은 교육의 유산이란 무엇인지, 달라진 시대에도 우리가 배울 수 있는 교육의 가치란 무엇인지 탐색해보고자 한다. 위에서 이야기한 사랑과 훈육의 균형점을 찾는 문제를 비롯해, 아이의 미래를 위해 함께 생각해볼 주제들을 나의 삶을 통해 이야기해보고자 한다.

세 살 적 버릇이
여든까지 간다

　미국 유학 중에 내 아이는 짧은 기간이지만 할머니의 사랑을 받고 자랐고, 나도 어렸을 적에는 할머니 손에서 자랐다. 나는 오랜 시간 외가에서 성장했다. 광산 사업에 매진했던 아버지는 가산을 탕진하고 병환으로 돌아가셨다. 내가 겨우 백일 때였다고 한다. 사업을 하다 진 빚을 갚느라 집도 다 팔아버리고 오갈 데가 없게 된 어머니는 친정으로 갈 수밖에 없었다. 할아버지도 일찍 돌아가셨기 때문에 남은 가족은 할머니, 어머니, 한 살짜리 내가 전부였다.
　할머니의 나에 대한 사랑은 이루 다 말할 수 없을 정도로 애틋

하였다. 그 당시에는 어린아이도 한복을 입었다. 한복을 입을 때 가장 귀찮고 어려운 일은 대님 매는 것과 옷고름 매는 것이었다. 할머니는 내가 손도 대지 못하게 하면서 손수 옷고름을 매고 대님을 매주셨다. 동네 어른 한 분이 그 이야기를 듣고는 "할머니가 애를 바보 만들고 있다"며 비난하였다고 한다. 결국 나는 옷고름이나 대님을 직접 매지 못하였다.

이러한 할머니의 과도한 사랑은 내가 5~6세가 되어서도 그대로 이어졌다. 할머니는 내가 동네 아이들과 자전거를 타면 다친다고 극구 말리셨다. 잘못하면 전기 오른다며 전자 기기에 손 도 대지 못하게 하셨다. 그 결과 집 안의 텔레비전이나 핸드폰, PC 등 모든 기계에 익숙치 못한 '기계치'가 되어버렸다. 지금도 전자 기기를 다루는 것이 어설프고 잘못 건드릴까 봐 겁이 난다. 전자 기기에 대한 공포증이 생긴 것 같다. 디지털 시대에 적응하는 것이 거의 불가능한 사람이 되었다. 마을 어른이 "애를 바보 만들고 있다"는 말이 맞았다.

옛 어른들은 "세 살 적 버릇이 여든까지 간다"는 말을 자주 하였다. 중국의 《예기》 첫 장에는 "어릴 때 버릇은 평생 고쳐지지 않는다"는 경고 글이 쓰여 있다. 어릴 때 나쁜 버릇이 생기면 성인이 되어서도 고치기 힘들다. 어린아이가 아무것도 모른다고 착각하면 안 된다. 부모는 아이가 어릴 때부터 버릇을 잘 들여야 한다. 물론 그것이 꼭 엄격한 통제를 의미하는 건 아니다. 영국 심리학자 존 볼비John Bowlby가 말한 것처럼, 어릴 때부터 어머니와의 교감을 잘 형성하면 좋은 버릇을 들이는 데 도움이 될 수 있다.

　나의 경험이 보여주듯 과잉보호는 아이에게 나쁜 버릇이 들게 한다. 즉 부모의 지나친 간섭과 통제는 아이가 자율적으로 행동하고 성장하는 것을 방해한다. 또한 부모가 아이와의 교감을 포기하고 아이에게 사랑을 주지 못하면 아이는 심각한 문제아가 될 수도 있다. 아이가 세상에 나가 자신의 실력을 온전히 발휘하려면, 부모가 사랑과 훈육을 적절히 병행하며 아이에게 '좋은 버릇'을 길러줄 수 있어야 한다.

내 배가 부르고
어떻게 남을 도와주느냐

　아버지가 가산을 탕진하고 타계하셨기 때문에 우리 가족의 생계는 오롯이 어머니의 몫이었다. 어머니는 전통적인 유가 가정의 큰딸로, 가정 살림에 충실한 분이었다. 생활 수단이 딱히 없는 가난한 형편에 당시 어머니가 하실 수 있는 일은 행상이었다. 시골 장터에서 물건을 싸게 사다 도시에 팔아 생계를 꾸리셨다.

그렇게 바쁜 어머니를 두었기에, 나는 어머니에게서 애틋한 말을 듣거나 보살핌을 받은 기억이 거의 없다. 사실 따뜻한 품 안에서 이루어지는 애착 관계는 어머니가 아니더라도 다른 사람이 대신해줄 수 있는 것이다. 아버지나 할머니, 할아버지 등의 친족이나 이웃이 돌볼 수도 있다. 나는 어머니 대신 할머니로부터 과분할 정도로 사랑을 받았다. 어머니와 맺지 못한 애착 관계를 할머니와 형성했다.

할머니와의 정서적 애착 관계를 형성한 뒤, 나는 어머니와의 대화를 통한 인지 발달 단계를 거치게 되었다. 생활이 안정되고 어머니가 집에 있는 시간이 늘어나면서 나는 어머니의 가르침을 직접 받거나, 말과 행동을 보며 영향을 받게 되었다. 비록 온전한 언어적 소통은 불가능하더라도, 부모가 아이와 소통하는 일은 아이의 사물을 인지하는 능력을 발전시키고 다른 아이들과 관계 맺는 사회성도 발달시킨다. 아이의 발달 단계가 정서적 소통에서 지적 소통으로 넘어가는 것이다.

어머니는 나에게 엄한 편이셨다. "애비 없는 아이라 버릇 없다"는 소리를 듣게 하지 않으려고 애를 쓰셨다. 특별히 매를 들거나 심하게 꾸짖는 일은 없었지만, 자신의 행동을 통해 나에게 말씀하시고자 했다. 내가 반찬 투정을 부리면 할머니는 무엇이든 들어주셨지만, 어머니는 밥그릇을 뺏고 밥을 주지 않으셨다. 할머니가 주시려 해도 "버릇 나빠져서 안 된다"며 어머니가 엄하게 말리셨다. 보통의 가정에서 어머니와 아버지의 보살핌이 균형을 이루듯이, 나의 경우 할머니와 어머니가 사랑과 훈육의 균형을 이루셨다.

어머니는 할머니를 극진하게 모셨다. 군청에서 주는 효부상도 받으셨다. 시부모를 잘 모시는 것은 어머니의 성품이기도 하지만 당시 전통적인 유교 사회의 덕목이기도 하였다. 어머니는 어려움에 처한 주변 친척을 적극적으로 도와주셨다. 한번은 서울에 살던 친족 한 분이 사업에 실패하고 고향을 방문하였다. 아무도 알은체하지 않았지만, 어머니는 그분을 집에 모셔서 식사를 대접하고 가실 때는 차비도 드렸다. 그분이 가시면서 "자네, 앞으로 복 많이 받을 걸세"라며 축복을 기원하셨다. 나도 옆에서 그 말을 들었다.

어머니는 친족뿐만 아니라 자신이 보기에 불쌍한 사람을 모른 체하지 않으셨다. 어느 해에는 우리가 사는 지역에 홍수가 나서 모두 굶을 지경에 이르렀다. 우리 가족도 한 해 농사를 짓기 위한 논이 떠내려가서 식량을 걱정해야 할 형편이었다. 당시는 한국전쟁이 난 지 얼마 지나지 않았고, 전쟁의 상처가 아물지 않아 떠도는 사람이 많았다. 많은 이가 집도 없어서 남의 행랑을 빌려 살기도 하였다. 홍수로 생계 수단이 떠내려간 상황에서 그들은 당장

먹을 것이 없어 동냥을 해야 했다. 어머니는 그들을 그냥 두고 볼 수 없으셨다. 우리가 비상 수단으로 비축했던 팥을 가지고 죽을 한 동이 쑤어 그들에게 나누어주셨다. 맹자가 말하는 "불쌍한 사람을 보고 그냥 넘길 수 없는 착한 마음씨惻隱之心"였다.

나는 "어머니! 우리도 지금 어려운데 그렇게 하면 어떻게 합니까"라고 항의하였다. 어머니는 나를 물끄러미 쳐다보시더니 "얘야! 내 배가 부르고 어떻게 남을 도와주느냐. 어려울 때는 서로 조금씩 나누면서 살아가야 한다"라고 하셨다. 어머니의 그 말씀을 떠올리면 부끄럽기 짝이 없어진다. '과연 나는 지금 어머니의 그 말씀을 얼마나 실천하고 있는가?' 생각하면 할수록 쥐구멍에라도 들어가고 싶어진다. 나는 어머니의 그 말씀을 자식들에게도 귀한 유산으로 전하고자 한다.

어머니가 돌아가신 후 바람 부는 세상에 혼자 남겨진 고아 같다는 생각이 들었다. 장례를 치르고 난 뒤, 텔레비전에서 노인들이 나오는 장면만 보아도 하염없이 눈물이 났다. 옆에서 아내가 나의 눈에 휴지를 대고 있을 정도였다. 어머니가 돌아가신 때가 가을이었는데 매해 11월이 되면 더욱 어머니 생각이 났다. 아침에 눈을 뜨고 이불 속에서 천장을 쳐다보고 있는데 작은아이가 내 따뜻한 이불 속으로 들어오면서 "아빠, 스킨십"이라고 하였다. 나는 아이를 꼭 껴안았다. 어머니에게서 받은 사랑을 자식에게 전하는 기분이었다.

아버지가 없어서
배우지 못한 것

　백일 때 돌아가셨기 때문에 나는 아버지를 기억하지 못한다. 다행히 어머니의 훌륭한 인품 덕에 별 어려움이 없이 자랐지만, 사회생활을 하면서 '아버지가 살아 계셨더라면 내가 어떻게 자랐을까' 생각한 적이 있었다. 그러나 아버지가 필요하다는 생각은 하지 않았다. 씨족 중심의 마을에서 충분한 보살핌을 받았기 때문이다.

　그런데 나이가 들고 삶을 돌아보니 '나의 부족한 점이 아버지의 부재로 인해 생긴 것이 아닌가' 하는 생각이 든다. 나는 남들과 다투는 것을 싫어했다. 대체로 많이 양보하는 편이었다. 누구와 경쟁하는 것도 싫어해서 스포츠 경기에도 관심을 두지 않았다. 승부에 집착하는 것이 싫었기 때문이다. 형제가 많은 집에서는 보통 둘째가 영리하다는데, 형제들 사이에서 둘째가 살아남기 위한 투쟁의 전략을 많이 발전시키기 때문이라고 한다. 만약 아버지가 살아 계시고 형제들이 많았으면 나도 달라졌을 것이다.

그리고 나는 할 줄 아는 놀이가 거의 없다. 중고등학교 시절에 친구들과 바둑을 두어본 일도 없다. 어른이 되어 사회생활을 하면 으레 취미로 삼는다는 당구를 친 일도 없다. 시골에서는 농한기에 또래들이 모여 화투를 치지만 나는 거기에도 끼지 않았다. 주로 시간이 나면 책을 읽고 지냈다. 남들이 보면 모범생이라고 하겠지만 실상 사회성이 떨어지는 행동이었다.

또래 친구들과 어울리는 것은 보통 놀이를 통해 이루어진다. 나는 놀이를 거부함으로써 외톨이가 되어버린 셈이다. 어떤 집단의 대표를 맡아본 적도, 적극적으로 학급을 이끄는 활동을 해본 적도 없었다. 보통 초등학생 때는 공부 잘하는 아이가 반장을 하지만 중학교에 가면 친구를 많이 사귀고 잘 어울릴 줄 아는 아이가 반장이 된다. 지금은 초등학생 때부터 또래 관계를 잘 맺어야 반장을 할 수 있다고 한다.

로마의 대표적인 정치가이자 군인인 카이사르는 젊은 시절 당시 유행하는 화려한 차림을 하고 거리를 활보했다고 한다. 사람들 눈에 많이 띄려는 의도된 행동이었다. 근사한 옷을 걸치고 치장을 하는 데 많은 돈을 썼다고 한다. 그러나 사적인 생활에 있어서는 거의 낭비하는 일이 없었다.

카이사르는 귀족 출신이고 해박한 지식을 가진 사람이었지만, 전장에서는 병사들이 쓰는 저급한 말을 쓰고 그들과 격의 없이 어울렸다. 당시 로마의 최고 명필가 중 한 사람인 키케로는 카이사르가 쓴 《갈리아 전기》에 대해 "로마에서 가장 뛰어난 문장"이라고 극찬하였다. 그만큼 책상머리에만 앉아 있을 법한 사람이었지만, 전쟁이 터지면 카이사르는 지체 없이 병사들 앞에 서서 용감하게 싸웠다. 적과 대결하는 과정에서 절대로 물러서는 일이 없었다고 한다.

그러고 보면 카이사르는 나와 정반대의 인물이었다. 나는 남들과 경쟁하고 싸우는 것을 싫어했는데 카이사르는 적과 대결하면 물러서지 않고 투쟁하였다. 나는 놀이를 할 줄 몰라 친구들과 잘 어울리지 못했는데, 카이사르는 병사들과 어울리기 위해 그들이 좋아하는 놀이와 그들이 쓰는 저급한 말을 썼다. 당대 가장 뛰어난 가문에다 학문적 수준도 높았지만 이를 뽐내지 않고 백성들과 저잣거리의 대화를 할 줄 알았다.

전쟁을 무서워하고 사회성이 부족했던 나의 내성적 태도는 아이에게도 이어졌다. 책을 많이 읽었기 때문에 다른 아이들과 쓰는 언어가 달랐다. 그리고 놀이도 좋아하지 않았다. 중학교 때 학급 반장을 하고 싶어 했지만 실패했다. 아이들과 노는 기회가 없었으니 당연한 결과다. 이러한 태도는 성인이 되어서도 쉽게 고쳐지지 않았다. '부전자전'이 되지 말아야 할 텐데, 나중에 사회생활을 어떻게 할지 걱정스러웠다.

미국의 신화학자인 조지프 캠벨Joseph Campbell은 남성과 여성의 생래적인 차이에 주목한 적이 있다. 여성은 아이를 낳고 기르는 일에 중점을 두고, 남성은 육아에 대해 여성보다 적게 관여한다. 캠벨은 남녀의 특성이 다른 것은 문화적인 차이가 아니라 본능적인 것이라 주장했다. 제인 구달Jane Goodall도 침팬지의 연구 결과를 통해 수컷과 암컷의 역할이 다르다고 하였다. 수컷은 주거할 장소와 식량 구입 장소를 찾아내고 다른 수컷의 침입을 막아내는 일을 한다. 새끼를 돌보는 일은 암컷에 맡기고 남는 시간은 사냥이나 전쟁놀이 등에 열중한다고 한다.

인류학적인 연구 결과뿐 아니라 문명의 오랜 역사도 남성과 여성의 역할이 서로 달랐음을 보여준다. 남성들은 밖에 나가서 생계를 위해 일하고, 여성들은 가정에서 육아와 가정 살림을 맡는 것이 대부분의 인류사 장면을 차지한다. 그러나 최근의 사회 발전은 남성과 여성의 일을 구분하는 것을 더 이상 필요로 하지 않는다. 여성이 더 많은 돈을 벌 수 있으면 남성이 집에서 아이를 키우고 여성이 밖에 나가 일을 한다. 구달이 관찰한 침팬지의 세계와 인간의 세계는 상당히 다르다.

현대의 많은 심리학자는 부부의 아이들에 대한 애정의 형태는 성별로 구분되지 않는다고 말한다. 어머니가 사랑을 주지 못하면 그 빈자리를 당연히 아버지가 채워줄 수 있다고 이야기한다. 물론 부모 모두 아이들을 사랑하고 보호하는 것이 가장 이상적이기는 하다. 그러나 불가피하게 부부 중 한 사람이 부재한 상황이라 해도, 어머니가 아버지 역할을, 아버지가 어머니 역할을 할 수 있기 때문에 아이들의 성장에는 큰 문제가 없다.

그런데 조금 다른 양상을 보여주는 연구 결과도 있다. 현대 사회에서도 어머니와 아버지의 차이가 존재하는데, 특히 아이가 어렸을 때 그 차이가 두드러진다는 것이다. 지금도 대부분 가정에서 아버지의 역할은 신체적 활동이나 놀이가 중심이 된다. 특히 남자아이의 경우 아버지와 노는 것을 더 좋아한다고 한다. 여자아이들은 대체로 소꿉놀이를 하거나 인형을 가지고 노는데, 남자아이들은 구슬 따기를 하거나 장난감 총이나 칼을 가지고 전쟁놀이를 한다. 이러한 특성은 어릴 때 두드러지지만 나이가 들면서는 점점 억제되거나 잠재된다. 현대 사회에서는 성별의 특징이 두드러지지 않는 일이 많고, 특히 디지털 시대에는 남성의 체력이나 전투적인 성격보다는 여성의 섬세함이나 치밀함이 요구되기에 여성이 남성보다 우수한 평가를 받을 때가 많다.

요즘의 아버지들은 아이들에 대한 관심이 많고, 배우자를 대하는 태도도 옛날과 다르다. 부부가 서로를 인정하는 바람직한 사회가 되어가고 있다는 징조다. 내가 성장했던 시기는 아버지의 역할이 어머니 역할과 분명히 구분되었다. 그 결과 나는 성장 시기에 남성들이 갖는 용맹스러움이나 놀이 취향을 갖지 못했다. 그것이 나의 사회생활에 약점이 되었고, 작은아이의 특성으로도 고스란히 이어졌다.

나를 키운 조상의 음덕

나는 외가에서 유년기를 보내다가 초등학교 1학년 때 친가 쪽 동네로 이사하였다. 어머니가 이사를 결심한 것은 나 때문이었다. 당시는 제례가 가정의 중요한 행사였고, 외가도 전통에 따라 제례를 자주 치렀다. 어머니는 제사 때 외가 아이들은 모두 제상에 절을 하고 내려오는데, 나만 뒤에서 멀거니 보고 있는 것에 마음이 상하신 것 같았다. 당시에는 관례상 외가 제사에 외손들이 참여할 수 없었다.

어머니가 몇 번 친가의 어른들과 상의를 하신 뒤 이사를 결정하셨다. 마침 친가 중에 서울로 이사 가는 가족이 있어 그 집에 임시로 있기로 하였다. 친가는 수락산 밑의 작은 동네에 있었다. 친족의 수도 많지 않아서 대여섯 가족이 전부였다. 서울에서 낙향한 향반 출신이었다. 우리는 그 중의 종손이었다.

종손은 조상의 제례를 감당해야 했다. 할아버지 때만 해도 종손에게 주어지는 토지가 있어 넉넉하게 살았다고 했다. 아버지가 광산 사업에 실패하셨기 때문에 우리는 변변한 토지가 없었다. 친족 한 분이 논 몇 마지기를 내주셔서 그걸로 당장 연명하는 정도였다. 그럼에도 제례는 우리가 담당해야 했다. 어머니는 그 부담을 흔쾌히 받아들이셨다. 내 기억으로는 1년에 7~8번의 제례가 있었던 것 같다. 제사 때는 종친 모두가 모였다. 나도 밤중에 눈을 비비고 일어나 제사에 참여해야 했다.

이러한 제례 행사는 내가 대학을 졸업하고 서울로 이사하면서 끝나게 되었다. 당시는 자녀들이 모두 타지로 이사했기 때문에 친족이 모두 모일 수가 없었다. 어른들이 살아 계실 때는 1년에 한두 번 세배를 위해, 조상의 산소를 돌보기 위해 모이기도 했다. 어른들이 돌아가신 후에는 그 모임도 단절된 상태다. 우리도 어머니가 돌아가시고 내가 가장이 되면서 가족 모임에 참여하지 못할 때가 많았다. 그리고 지금은 친족이 모이는 기회가 거의 없다.

돌아보면 어머니가 친족이 모여 사는 동네로 이사하신 일이 참으로 감사하게 느껴진다. 새벽에 눈을 비비고 일어나서 제사를 치르고 난 뒤에 어른들이 하시는 말씀을 듣고 많은 교훈을 얻었다. 주로 훌륭한 조상들의 인품에 대한 이야기였다. 어린 마음에 그것은 큰 자랑이었다. 자긍심을 심어주었고 나도 그렇게 훌륭한 인물이 되어야겠다는 마음을 품게 했다. 때로는 못된 짓을 한 선조 이야기도 들었다. 주로 상민들에게 행패를 부린 조상들의 이야기였다. 그것도 나름의 교훈이 되었다. 나는 그런 사람이 되지 않아야겠다는 각오를 다지게 했다.

외가는 이른바 양반이라고 하지만 장사로 돈을 번 집안이었다. 그 돈으로 땅을 사서 마을 사람들에게 토지를 빌려주는, 이른바 '지주'였다. 그런데 친가에 이사 와서 어른들의 모습을 보니 외가와는 분위기가 딴판이었다. 친가 아저씨들은 학식이 높지 않은데도 부인에게 경어를 썼다. 아이들에게도 막말은 하지 않았다. 점잖은 말로 우리를 훈계하셨다. 그리고 나에게는 늘 격려의 말씀을 하셨다. 나는 우리 가문의 전통이 소중하게 느껴졌다.

나도 그 덕을 본 것 같다. 동네 사람들도 우리를 함부로 대하지 않았다. 동네 사람들은 우리 할아버지를 칭찬하였다. 엄동설한에도 동네에 어려운 일이 있으면 가장 먼저 달려오신 분이라고 하였다. 그리고 너도 할아버지를 닮으라고 격려하셨다. 내가 태어나기도 전에 돌아가셨기 때문에 그분을 잘 몰랐지만, 그분의 선행이 후손인 나에게 축복으로 돌아온다는 생각이 들었다. 나에게 큰 교훈이 되었다.

옛날 사람들이 말하는 '조상의 음덕'은 이런 것이 아닌가 하는 생각을 한다. 조상의 덕은 재산을 남겨주는 것이 아니라 후손에게 "누구 집 자손"이라는 명예를 물려주는 것이다. 그것은 재물보다 더 오래 지속된다. 재산의 상속은 자칫 잘못하면 자녀들을 망치지만 조상의 선행은 자녀들의 인품을 기르고 더 나은 삶으로 이어진다. '조상의 음덕'은 나의 성장이 나만의 것이 아니라는 사실을 일깨우는 소중한 교육의 문화유산이다.

선생님의 은혜는 하늘과 같았다

우리 민족은 교육을 중시해온 '문화의 민족'이다. 삼국시대에도 대학이 존재하였고, 고려시대에 과거 제도가 생기면서 교육열이 더욱 번창하였다. 조선시대는 개국 초기부터 교육을 중시했는데, 특히 태종과 세종은 부강한 국가 건설에 필요한 인재 양성을 위해 교육기관을 세우고 지원을 아끼지 않았다.

그러나 국가가 의도한 대로 교육이 이루어지지는 않았다. 지금과 마찬가지로 조선시대 역시 공교육이 힘을 잃고 사교육이 판을 쳤다. 보통 사람들도 교육받을 기회를 만들기 위한 정부의 노력이 계속되었으나 소기의 성과를 얻지 못하였다. 요즘처럼 시험 범위가 너무 넓다는 문제도 있었고, 시험이 너무 어렵다는 불만도 있었다. 그렇지만 시험 범위를 줄이고 시험 수준을 낮춰도 사교육 열풍은 뿌리 뽑기 힘들었다.

정부는 공교육을 발전시키기 위해 교사의 봉급을 높이거나 신분을 상승시키는 등 여러 가지 방법을 썼으나 그것도 효과가 없었다. 이 문제에 대한 답을 준 사람은 정조 대왕이었다. 정조는 교사의 사회적 대우를 높이는 데 사회 지도층이 앞장서야 한다고 했다. 즉 봉급이나 지위가 아니라 교사에 대한 '예우'를 갖춰야 그들의 사기가 올라가고, 공교육이 올바른 방향으로 개선될 수 있다고 보았다.

나는 1980년대에 대학에서 학생을 가르치기 시작했다. 당시 대학 분위기는 시위로 어수선했으나 내부적으로는 큰 문제가 없었다. 그런데 군사정부가 물러나고 새 정부가 들어서면서 학생들의 시위 대상은 외부에서 내부로 옮겨졌다. 학교 지도층이나 교수들에 대한 공격이 가해졌다. 학생들은 이른바 '어용 교수'나 '무능 교수'라는 명목으로 교수들을 대상으로 시위를 벌였다. 일부 교수에 대한 공격의 여파는 학교 전체로 번졌다. 교수들의 교권이 나락으로 떨어졌다.

1980년대 초에는 교수와 학생들의 관계에 큰 문제가 없었다. 졸업식 때 사은회도 화기애애하게 진행됐다. 교수들은 학생들의 졸업을 축하하면서 진로를 걱정하고 학생들은 교수들의 노고에 감사하는 마음을 절절히 표현하였다. 그런데 일부 학생들의 시위가 격해지고 교수들에 대한 비판 여론이 형성되면서 분위기가 완전히 달라졌다. 나는 그 이후로 사은회에 참석하지 않았다. 학생들도 사은회를 자신들의 놀이터로 생각하고 무례하게 굴었다.

지금은 그와 비슷한 분위기가 초등학교, 중학교로까지 번져가고 있지 않나 생각한다. 가끔 학교 평가 의뢰를 받아 서울의 초·중학교 현장을 방문하면, 학교는 교육의 장이 아니라 학부모들의 성토장이자 교사를 공격하는 터가 되어버렸다는 것을 실감한다. 교권이 추락했다는 말을 피부로 느낄 수 있다. 조선시대에 정조가 보여준 바와 같이, 사회가 교사를 존중해야 교육이 정상화된다. 학교 평가에 있어 중요한 세 가지 지표인 '학교 환경'과 '교육과정', '교사' 중에서 좋은 학교를 만드는 데 무엇보다 중요한 것은 바로 교사이다. 학교는 학생과 교사가 가르치고 배우는 곳이다. 교사에 대한 존경과 신뢰는 교육의 기본이다.

지방의 학교를 방문해보면 학생들의 교사에 대한 신뢰도가 높다는 것을 느낄 수 있다. 교사와 학생이 상담하는 시간도 많고, 학생들에 대한 관심도 높다. 교사는 학생들의 가정형편이나 고민을 깊이 이해하고 배려하고 있었다. 이것은 인간관계의 기본이다. 서로 신뢰하는 관계에서만 진지한 대화가 가능한 것이다. 상대방을 신뢰할 수 있어야 그의 말을 믿게 된다. 상대를 믿지 못한다면 그의 말도 진지하게 듣지 않는다.

그러나 서울의 학교 교정에 들어서면 학생들이 우리를 본체만체한다. 수업 시간에 선생님의 말씀도 잘 듣지 않을 것이다. 부모가 학교와 교사를 존중하지 않는데 학생들이 어떻게 선생님을 존중하겠는가?

더구나 학력 경쟁이 치열해지면서 학부모들 사이에서는 내 아이만 특별 취급을 해달라는 요구가 빈번해졌다. 아이의 이야기만 듣고 교실 밖에서 수업을 평가하거나, 내 아이만 청소에서 제외해달라는 등 교사가 들어주기 힘든 요구를 하고 심지어 폭언까지 일삼는 경우가 생겨났다. 조금만 갈등이 발생해도 담임을 교체해달라는 요구가 부지기수로 이루어졌다. 그 결과는 교사들의 잇따른 자살이었다. 이런 부모들은 집에서도 아이들에게 교사에 대해 흉볼 것이다. 부모가 교사를 우습게 보면 아이들도 교사를 우습게 볼 것이고, 그토록 무례한 태도는 고스란히 아이의 삶으로 이어질 것이다.

학교를 못 믿는 학부모들은 사교육에 의존하게 된다. 고액의 과외를 시키기 위해 지방에서 서울로 이사하고, 서울의 강북에 사는 사람들은 강남으로 진출하려고 애쓴다. 학원 강사 중에서는 학원(사교육)이 문제가 아니라 학교(공교육)가 문제라고 주장하는 사람이 있다. 학교가 제대로 가르치지 못해서 학원으로 몰린다는 것이다. 보통은 사교육비가 많이 든다고들 생각하지만, 국가의 막대한 교육비 예산을 생각했을 때 비용 대비 효과가 좋은 곳은 학원이라고 말한다. 학원 강사의 실력이 학교 교사보다 우월하며, 무슨 공부든 학교보다는 학원에서 하는 것이 낫다고 주장한다.

'학교냐 학원이냐'를 비교하려는 이와 같은 주장에 대해, 나의 지인이 경험하고 깨달은 바를 재구성한 다음의 이야기로 반론을 대신하고자 한다.

무슨 사건을 맡든 오롯이 법과 원칙, 논리에 근거하여 판결해온 판사가 있었다. '공정한 관찰자'로서 사건을 다뤄야 하기에 사건의 피해자에 대한 사사로운 감정을 느낄 새란 없었다. 그런데 판사 생활을 마치고 변호사가 되면서 그는 인생의 새로운 국면을 맞이했다. 의뢰인의 억울함을 해소하기 위한 각종 법리적 노력을 하다 보니 의뢰인의 걱정이 자신의 걱정이 되고, 그의 말 못할 사연과 슬픔까지 함께 짊어지는 경험을 하게 됐다. 법관으로서 냉철하고 객관적인 판결을 통해 사건을 '해결'하기에 바빴던 판사는 판결 이후에도 삶은 계속된다는 것을 변호사가 되고 나서야 알았다. 그리고 삶이란 칼로 무 자르듯 정확하게 재고 판가름할 수 있는 것이 아닌, 서로를 끊임없이 염려하는 것이라는 깨달음을 얻었다.

내가 30년 이상 교수 생활을 하면서 가장 후회되는 일은 학생들에 대한 평가를 넘어 그들 개인에게 관심과 애정을 충분히 쏟지 못했다는 것이다. 학생 한 사람 한 사람에게는 저마다의 문제가 있고 고민이 있을 텐데 그것을 함께 나누지 못했다. 교수는 가르치고 연구하면 그만이라고 생각했다. 좋은 논문을 쓰고, 잘 가르치는 일이 중요하다고만 생각했다. 그러나 그것은 사실 앞에서 예를 든 학원 강사의 생각과 다르지 않은 것이었다.

 교사는 지식을 가르치는 것을 넘어 학생의 고민을 들어주고 그들의 생각과 마음을 어루만지는 사람이어야 한다. 교사는 교실에서 판사 역할을 하는 것을 넘어, 학생 개개인의 변호사로서 삶을 보듬고 매만지는 일까지 할 수 있어야 한다. 교사가 한 사람 한 사람의 인생을 돕는 지도자, 참스승으로서의 권위를 회복할 때, '학교냐 학원이냐'를 넘어 참다운 교육의 의미가 우리 앞에 열릴 것이다.

 나는 시골에서 초·중학교를 다녔다. 선생님의 권위는 절대적이었다. 학급의 학생 수가 적어서 교사와 학생 사이의 관계는 가족과도 같았다. 나는 아버지가 안 계셨기 때문에 선생님을 아버지와 같은 사람으로 생각했다. 선생님에게 꾸지람도 듣고 칭찬도 들으면서 성장하였다. 선생님의 말씀이라면 무엇이든지 듣고 실천하려고 노력했다. 그 덕분에 교사와 사회에 대한 기본적인 존중과 예의를 배울 수 있었다.

우리 민족의 문화유산

우리 민족은 교육이라는 유산 덕분에 수없이 많은 어려움을 극복하고 부강한 나라를 만들 수 있었다. 미국 선교사들은 개화기 시절의 조선을 보고 아주 작은 시골 마을에도 학교가 세워져 있음에 놀랐다. 일제의 식민 지배를 극복할 수 있었던 근본적인 힘도 교육에 있었다. 안창호 선생을 비롯한 독립투사들은 숱한 어려움에도 불구하고 학교를 세워 백성들의 독립에 대한 열망을 일깨웠다. 다른 나라에 의존하지 않고도 우리 스스로 나라를 건설하고 운영할 수 있다는 자주적인 가르침은 애국계몽운동으로 널리 퍼져 백성들에게 국내외적인 자신감을 심어주었다.

지금 우리는 세계에서 인정받는 나라로 우뚝 서 있다. 그것은 돈이나 군사, 명예가 아니라 교육이 국가 발전의 근본이라는 선조들의 생각 위에서 이루어진 것이다. 지금껏 우리는 교육으로 나라를 지키고 발전시켜왔다. 그것은 하루아침에 된 것이 아니고 오랜 문화유산으로서 조금씩 누적되어온 것이다.

2019년 미국 내 이민자들의 교육 수준을 조사한 결과에 따르면 한국 이민자의 56퍼센트가 학사 이상의 학위를 소지하고 있고, 이는 다른 이민자의 비율(33퍼센트)에 비해 상당히 높은 수치다. 나는 우리나라 학생들이 유전적으로 우수하다고 생각하지 않는다. 그것은 '교육입국敎育立國'의 정신을 우리 선조들이 튼튼하게 지켜온 덕분이다.

서양을 일방적으로 쫓아가다 보면 우리 교육의 전통을 과소평가하게 되기 쉽다. 하지만 유학儒學이나 과거 제도는 결코 무시해도 될 낡은 유산이 아니다. 미국 선교사들은 자신들이 세운 '배재학당'이나 '이화학당'의 교육 과정에 유학과 한문을 포함시켰다. 나는 자식들에게 《명심보감》을 외워서 쓰게 했고 맹자와 공자의 주요 저작을 가르쳤다. 모두 학교나 학원에서 쉽게 가르치지 않는, 그러나 동양의 전통이 살아 있는 문화유산이었다.

나는 1960년대라는 가장 혼란스러운 시기에 대학 생활을 했다. 개학하고 나면 곧 데모가 시작되었고 중요한 수업은 어느 순간 폐강되기 일쑤였다. 그렇게 대학에서 4년을 보내고 난 뒤에는 제대로 배운 것이 없었다. 미국에 사는 친구의 권고로 유학을 가게 되었다. 육영수 여사가 총탄을 맞고 쓰러진 사건이 있던 1974년 8월, 나는 어수선한 조국을 등지고 무거운 마음으로 미국행 비행기를 탔다.

해외로 나가 보니 우리나라가 얼마나 작은지를 피부로 실감했다. 미국에 도착하고 얼마 지나지 않아, 동년 세대들보다 일찍 인터넷 문화에 대한 충격을 받았다. 주판으로 계산하고 도서관에서 자료를 뒤져야 했던 당시 우리나라에 비해 미국은 인터넷 전산망이 도입되어 모든 업무가 빠르게 컴퓨터를 통해 이루어졌다. 내가 얼마나 우물 안 개구리였는지, 우리가 세계적으로 어떤 위치에 서 있는지를 뼈저리게 받았다.

그렇지만 나는 우리 민족에 대한 자긍심을, 조국의 소중함을 간직하고자 했다. 타지에서 외롭고 힘든 유학 생활을 하면서 내가 대한민국의 흙 속에서 나고 자랐다는 것을 절감했다. 시골 마을에 살 때는 잘 몰랐던, 아름다운 산과 너른 들판과 맑은 물이 모두 나를 키워준 것들이었음을 깨달았다. 나는 박경리의 《토지》를 읽으면서 우리 강산의 아름다움을 더욱 생생하게 느낄 수 있었다. 우리 민족과 문화에 대해 이보다 더 감동적으로 서술한 책은 없었다.

유럽 여행을 하다 보면 수천 년의 역사를 자랑하는 대성당의 위용을 보며 압도되는 경험을 많이 하게 된다. 그러나 우리에게도 아름답고 섬세한 분위기를 자아내는 멋진 문화유산이 존재한다. 특히 우리의 일상과 맞닿아 있는 사찰의 건축술과 그와 조화를 이룬 자연 경관을 들여다보면, 감탄하지 않을 도리가 없다.

마지막으로, 나는 다소 오래된 책이지만 최순우의 《무량수전

배흘림기둥에 기대서서》를 권하고 싶다. 회화부터 시작해서 전통 건축, 공예, 불상과 탑, 도자기에 이르기까지 우리 민족이 어떻게 문화적 창의성을 발휘했는지를 세밀하게 살펴볼 수 있는 책이다. 이 모든 문화유산은 우리 아이들에게도 꼭 필요한 민족의 자긍심이자, 창의적 교육의 토대가 될 수 있다.

인문과 예술 교육은
인간다운 삶을 깨우친다

나는 미술이나 음악에 대한 지식이 없었다. 우리 시대에는 좋은 그림이나 좋은 음악을 보고 들을 기회가 없었다. 시골에서 자랐기 때문에 예술적인 소양을 갖출 기회가 없었다. 학교에서도 마찬가지였다. 내가 어렸을 때 초등학교나 중학교에서 미술이나 음악을 배운다는 것은 사치였다. 음악 시간에는 전교생이 나무 밑에 모여 〈애국가〉를 제창하는 것이 다였다. 초등학교에는 음악 선생님이나 미술 선생님이 따로 계시지 않았다. 중학교 때는 딱 한 분이 계셨다. 그분마저 전근이 잦아서 제대로 된 예체능 교육은 거의 이루어지지 않았다.

나는 학창시절 내내 미술과 음악을 제대로 배우고 싶었다. 다행히 고등학교는 서울에서 다닐 수 있었고, 그곳은 미술실과 음악실이 따로 있었다. 선생님도 최고의 실력을 갖춘 분들이었다.

나는 기대에 부풀어 미술 시간과 음악 시간을 기다렸다. 그러나 여기서도 별 소득이 없었다. 미술 시간은 그림을 그리는 시간이었고, 음악 시간은 노래를 부르는 시간이었다. 체계적으로 미술과 음악을 공부하고 싶었다. 하루는 음악 시간에 감상하고 있던 곡에 대한 설명을 요구했다. 선생님의 대답은 단지 많이 들으라는 것이었다. 미술 시간도 마찬가지여서, 좋은 그림을 많이 보라는 답변만이 돌아왔다.

나의 예술에 대한 관심은 음악이나 미술 관련 서적을 찾아보게 하였다. 음악 교양서를 찾기란 쉽지 않았고, 미술과 관련해서는 에른스트 H. 곰브리치의 《서양미술사》를 접하게 되었다. 곰브리치는 미술 감상법을 묻는 독자들에게 "좋은 그림을 많이 접하라"고 대답하였다. 옛날 미술 선생님과 다를 바 없는 대답이었다. 내가 교육학자로 나선 뒤에는 음악적 재능을 평가하기 위한 객관적 기준이 개발되기도 했으나, 실제로 시행해보니 맞지 않았다. 음악을 전공하는 교수에게 작은아이의 음악 재능을 평가해달라고 하였더니, 그냥 한번 쳐보라고 하는 것이 전부였다.

과학과 기술의 역량을 중요시하는 현대 사회에서는 미술이나 음악은 말할 것도 없고 인문학마저 상대적으로 천대를 받는다. 그것은 근대 서구 문화의 특징이었다. 논리와 수리가 모든 문제를 해결할 수 있다는 전제하에 그러한 교육이 이루어졌다. 그러나 최근 교육 현장에서는 논리와 수학보다 상상력에 중점을 둔 교육이 이루어진다. 상상력의 기본은 감성에 있고, 감성은 음악과 미술, 그리고 인문학에서 나온다. 천재 물리학자 스티븐 호킹도 "과학이란 우리의 상상력을 수리와 실험으로 증명하는 도구일 뿐"이라 말했다.

아름다움을 보고, 듣고, 감상할 수 없는 세상은 얼마나 끔찍한가? 그럼에도 우리는 미술과 음악을 굳이 배우지 않아도 된다고 생각하는 것은 아닌가? 내가 세상을 살아가면서 조금이나마 깨달은 바가 있다면, 그것은 물질적 가치보다 정신이 중요하다는 것이고, 그 정신의 자양분은 아름다움에서 나온다는 것이다. 나는 아이들과 세계 여행을 하면서 박물관이나 미술관을 많이 다녔다. 시카고미술관에서 본 인상파 화가의 그림은 상상을 초월하는 것이었다. 아름다움을 보고 느낀다는 것은 생존을 위한 삶을 넘어 경험의 차원을 새롭게 확장한다는 것이다. 적어도 인간이라면, 그 같은 아름다움이 없는 세상을 살아갈 수는 없을 것이다.

인간의 예술적 취향은 고대인들로부터 전해 내려왔다. 움막에 살면서도 죽고 난 다음의 세계를 적극적으로 상상한 고대인들은 동굴에 그림을 그리고 노래하고 춤추는 삶을 살았다. 언어와 문자를 개발하여 서로 소식을 전하고 상상력을 동원하여 이야기를 지어냈다. 세계의 다양한 민족이 자신의 유래와 기원을 설명하는 전설 및 신화를 창작해왔다. 아름다움을 추구하는 것은 인간의 본능이다. 그림을 그리고 노래하고 춤추면서 이야기를 만들고 전하는 것은 지금 우리의 삶으로도 계속 이어지고 있다.

삶의 가치를 일깨우는 교육의 본래 목적에 충실하려면, 아이들 각자의 특성을 살려 다방면의 인재가 성장할 수 있게 해야 한다. 과학이나 기술 분야뿐만 아니라 정치와 경제, 그리고 음악과 미술에도 재능 있는 인재를 키워야 한다. 그것은 가정의 몫이다. 학교가 담당할 수 있는 일이 아니다. 세계 무대에서 이름을 날리는 우리의 젊은이들을 보자. 가정의 적극적인 보살핌이 손흥민, 박세리, 김연아, 정경화 등의 인재를 키웠다. 이는 동서양을 막론하고 모든 교육에 적용되는 원칙이다.

나오며

　이 책을 맺으면서 내가 살아온 세월과 아이들을 키워온 과정을 되돌아보았다. 내 생애에서 잊을 수 없는 배움은 미국 유학 과정에서 얻은 교훈이었다. 내 가족과 내 친구, 내 나라가 없으면 살 수 없다는 것이었다. 나는 혼자 살아온 것이 아니다. 그들이 있었기에 내가 있었다.

　그것을 가슴 깊이 새기게 한 것은 "네 이웃을 네 몸같이 사랑하라"는 예수님의 말씀이었다. 더 나아가 "원수를 사랑하라"는 말씀이었다. 석가의 '자비'나 공자의 '인仁' 모두 예수님이 말씀하신 것과 일치한다. 그것은 기독교, 불교, 유교를 믿는 사람들만의 것이 아니라 모든 인류의 것이다.

　영국에 가보니 그들도 자녀 교육에 혈안이 되어 있었다. 우리와 다름이 없이 경쟁이 치열하였다. 좋은 학교를 찾아 한 시간 이상 통학하기도 하였다. 대단한 사교육 열기에 상원 의장이 학부모들에게 충고하였다. "좋은 학교에 보내고 비싼 사교육을 받는다고 다가 아니다. 부모가 아이들을 직접 챙겨야 한다." 우리도 마찬가지다. 비싼 학원에 보내고 좋은 학군을 찾아서 이사하는 것이 능사가 아니다. 부모가 아이들을 직접 챙겨야 한다. 아이들은 부모의 행동이나 언사를 보고 배운다.

나는 미국에서 교육학을 공부하고 돌아오면서 우리 전통문화 유산의 귀함을 깨달았다. 유학하고 돌아와서 퇴계와 율곡도 연구하였다. 개화기에 개화파는 서양 문물을 배워야 한다고 외치고 전통문화를 배척하였다. 그런데 개화기 미국 선교사들이 세운 배재학당나 이화학당에서는 우리 전통문화를 가르쳤다. 우리 전통문화를 버리면 안 된다는 것이었다. 우리는 지금도 격변의 시대를 살고 있지만, 우리의 전통이나 우리 조국을 잊어버리면 안 된다. 우리 역사를 철저히 가르쳐야 한다.

내가 우리 아이들을 어떻게 가르쳤는지 되돌아보면서 자식은 내 마음대로 되는 것이 아니라는 사실을 깨달았다. 두 아이 다 모범생으로 공부도 잘하고 행실의 문제도 없었지만, 그것이 다가 아니었다. 학교를 졸업하면 더 많은 문제와 부딪치게 된다. 내가 모든 것을 가르칠 수는 없다. 한 생명체로서 아이가 갖고 태어나는 능력과 성격은 다르다. 내가 예측할 수도 없고 내 계획대로 되지도 않는다. 각자 운명을 갖고 태어나고 성장하는 것이다.

아이는 잉태되면서 곧 언어 능력이 생긴다. 6개월이 되면 아이는 어머니의 목소리를 기억한다. 그리고 1~2년 이내에 인체의 모든 기관이 자리를 잡는다. 이때 아이가 원하는 것은 부모의 사랑이다. 특히 어머니의 애정이 아이를 키워낸다. 어머니의 사랑을 받지 못하고 자라는 아이는 평생 제대로 살지 못한다. 성격뿐이 아니라 인지 능력도 영향을 받는다.

한 인간을 키우는 것이 쉬운 일은 아니다. 나는 태어나서 2~3년 동안이 그렇게 중요한지 몰랐다. 질병 없이 자라면 되는 것이라 여겼다. 그러나 이 동안에 아이는 언어를 익히고 감성도 발달한다. 듣고 보고 느끼면서 인지 능력이 발달하기 시작한다. 뇌의 발달은 이 기간에 가장 활발하다. 그래서 '민감기'라고 한다. 뇌가 적절한 자극을 받아야 성장한다는 것이다. 다르게 말하면 뇌에 자극이 없으면 퇴화한다는 것이다. 좋은 음악을 듣고 물건을 보고 만지면서 감성과 인지 능력이 발달한다. 아이는 이미 배우기 시작한다.

나는 아이들의 학교 교육에서도 시행착오를 계속했다. 큰아이는 학교를 잘못 선택하여 자기 능력을 발휘하지 못했다. 작은아이는 큰아이가 겪은 시행착오를 되풀이하지 않고 초중고등학교에서 좋은 학습 결과를 얻었다. 이때 작은아이에게 독서와 영어, 한문 공부를 시킨 것은 교육적으로 성공적이었다고 생각한다.

공자의 말씀대로 10대는 공부해야 한다. 그다음 30대는 사회에 진출한다. 40대는 욕심을 떨쳐내고 초심을 지켜야 한다. 50대에는 하늘의 뜻을 따라서 살며, 60~70대에는 남의 말도 잘 가려서 듣고 인격을 완성해야 한다. 인간의 생애를 이렇게 구분한 공자도 그것을 다 지키지는 못했을 것이다. 더욱이 자기 자식에게는 욕심부리지 말고 평범하게 살라고 하였다. 그러나 그 말씀은 인간이면 누구나 겪는 과정이다. 이를 위해 좋은 친구와 사귀고 좋은 스승을 만나야 한다. 좋은 책을 읽고 선현들의 말씀도 기억해야 한다.

교육은 인간을 만들기 위한 것이 되어야 한다. 지식뿐이 아니라 덕과 체력을 길러야 한다. 즉 지, 덕, 체가 교육의 목표인 셈이다. 중국의 순자도 덕德은 사회생활을 하는 데 중요한 지식이라고 하였다. 학교가 지식만을 가르치는 것이 아니라 덕을 가르쳐야 사회생활을 성공적으로 할 수 있다는 것이다. 최근에 하버드대학 교수 폴 새뮤얼슨Paul Sameulson도 정의란 공공의 선을 이루는 것이라고 하였다. 이러한 덕을 기르지 않고 자신의 욕심대로 산다면 사회는 멸망할 것이라고 하였다. 특히 사회 지도층은 덕을 실천해야 한다는 신념을 갖고 있어야 한다. 맹자가 말하는 '대장부'다.

덕을 기르려면 아이들이 어려서부터 공공 행사에 참석하는 습관을 길러야 한다. 거기서 다른 아이와 협동하는 훈련을 해야 한다. 마음에 맞지 않는 아이와도 함께 활동하면서 동료 의식을 길러야 한다. 요즘은 아이들이 너무 이기적이다. 학원에 다니느라 바빠 협동 활동에 적극적으로 참여하는 아이가 많지 않다. 그러나 이 훈련은 지도자 훈련 과정이기도 하다. 우리 사회는 분열되어 있다. 학벌, 지역, 이념의 차이에 따라 서로 적대적이다. 화합이 국가적 과제가 되었다.

요즘 나이가 들어가면서 체력이 옛날 같지 않은 것을 절감한다. 글을 쓰려고 책상에 앉아 두 시간이 지나면 집중이 되지 않는다. 고등학생 때와 대학생 때는 밤을 새워도 정신이 말똥말똥하였다. 나이가 들면 열심히 일하고 싶어도 할 수 없다. 초중고등학교 때 건강을 유지해야 한다. 체력은 어려서부터 길러야 한다. 부모들이 유념해야 할 일이다.

루소Jean Jacques Rousseau는 아이를 자유롭게 키워야 한다고 주장하였다. 아이가 자유롭게 성장하면 독립성과 자율성을 기르게 된다는 것이다. 부모의 욕심대로 키우지 말라는 의미이기도 하다. 요즘의 우리 아이들처럼 학원에 매여 문제 풀기 연습만 해서는 자유로운 인간으로 성장할 수 없다. 세상에는 수없이 많은 일이 벌어진다. 누구도 그 일의 해결 방법을 일일이 가르쳐줄 수 없다. 자율성이 필요한 이유다.

　루소는 아이의 건강도 자연에 맡기고, 병원이나 약에 너무 의존하지 말라고 한다. 그래야 아이에게 면역성이 생긴다고 한다. 루소가 염려한 대로 요즘 아이들은 면역성이 떨어지고 있다. 인공 식품을 너무 좋아하는 것도 문제다. 아이가 자연과 친해지도록 해야 한다. 자연을 즐기고 자연을 소중하게 생각해야 한다. 그것이 인류를 살리는 길이다. 자연과 친해지기 위해 산을 오르면서 어려운 경험을 하면 마음이 너그러워진다. 어려서 고난을 극복하는 경험을 해야 잘 살아갈 수 있다. 어려움을 극복하는 과정을 거쳐야 훌륭한 사람이 될 수 있다. 그것은 인류의 역사가 증명하는 일이다. 위인들은 모두 고난을 뚫고 이겨낸 사람임을 잊지 말자.

교육학자 할아버지가
평생의 삶으로 증명한 교육의 원칙

백년의 부모 수업

1판 1쇄 인쇄 2025년 7월 30일
1판 1쇄 발행 2025년 8월 6일

지은이 이해명
펴낸이 고병욱

기획편집1실장 윤현주 **책임편집** 김경수 **기획편집** 한희진
마케팅 황예린 황혜리 권묘정 이보슬 **디자인** 공희 백은주
제작 김기창 **관리** 주동은 **총무** 노재경 송민진 서대원

펴낸곳 청림출판(주)
등록 제2023-000081호

본사 04799 서울시 성동구 아차산로17길 49 1010호 청림출판(주)
제2사옥 10881 경기도 파주시 회동길 173 청림아트스페이스
전화 02-546-4341 **팩스** 02-546-8053

ⓒ 이해명, 2025

홈페이지 www.chungrim.com **이메일** cr2@chungrim.com
인스타그램 @ch_daily_mom **블로그** blog.naver.com/chungrimlife
페이스북 www.facebook.com/chungrimlife

ISBN 979-11-93842-45-4 03590

※ 이 책은 저작권법에 따라 보호를 받는 저작물이므로 무단 전재와 무단 복제를 금합니다.
※ 책값은 뒤표지에 있습니다. 잘못된 책은 구입하신 서점에서 바꾸어 드립니다.
※ 청림Life는 청림출판(주)의 논픽션·실용도서 전문 브랜드입니다.